Front | Dancheong of Sinmumun Gate in Gyeongbokgung Palace
Traditional decorative art for painting various patterns or drawings on buildings using five colors as a basis.

세종 한국어

Sejong Korean

ENGLISH EDITION

2B

Ministry of Culture, Sports and Tourism
National Institute of Korean Language

Published by Kong & Park, Inc.
85, Gwangnaru-ro 56-gil, Gwangjin-gu, Seoul, 05116 Rep. of Korea
info@kongnpark.com

Simultaneously published in the USA by Kong & Park USA, Inc.
1440 Renaissance Drive, Suite 430, Park Ridge, IL 60068, USA
usaoffice@kongnpark.com

Anyone can access to the e-book of this publication at the Center for Teaching and Learning Korean(kcenter.korean.go.kr) free of charge.

1st Published September 1, 2022
2nd Printing November 10, 2023
Printed in Korea

ISBN 978-1-63519-046-5 (52395)
ISBN 978-1-63519-051-9 (set)

Library of Congress Control Number: 2022943376

Originally published as *Sejong Hangugeo* (세종한국어)

Foreword

Due to the growing scale of the Hallyu (Korean wave) content, the Hallyu culture (Korean culture) is spreading worldwide. As a result, the eagerness to learn Korean is surprisingly increasing. The number of test-takers for the Korean Language Proficiency Test reached over 300,000 in 2021 despite a worldwide slump due to COVID-19. King Sejong Institutes, affiliated with the Ministry of Culture, Sports, and Tourism, have increased in number from 13 in 2007 to 244 in 84 countries in 2022. To support the continuous spread of the Korean Wave, Korean language education should be provided in well-organized ways.

The Ministry of Culture, Sports, and Tourism and the National Institute of Korean Language decided to revise *Sejong Korean*, first published in 2011, to strengthen the groundwork of Korean language education, which grows along with Hallyu content. For the revising work of the textbook, the primary research started in 2019, and after three years of work, the new *Sejong Korean* was finally published. Then we announced it with the King Sejong Institute Foundation in 2022.

The newly revised *Sejong Korean* has the following features. First, it focuses on foreign learners eager to learn Korean at King Sejong Institutes around the world. Second, it has been developed as an instructional material that can be used flexibly according to the learning environment in each King Sejong Institute worldwide. Third, the foreigner's interest in Hallyu content is reflected in the textbook's content to reduce the learner's burden of learning Korean. Lastly, it plays a pivotal role as a standard textbook representing the King Sejong Institute and provides a foothold for the next step of Korean language learning.

The King Sejong Institute is Korea's representative overseas institution for Korean language education. It connects Korea and the world through the Korean language and culture. The National Institute of Korean Language and the Ministry of Culture, Sports, and Tourism will continue cooperating with the King Sejong Institute Foundation by providing continuous efforts and support so that Korean language lovers worldwide can achieve their dreams.

Lastly, I would like to sincerely thank the research and writing staff as well as publishers for their best efforts in developing the textbook. With the new start of *Sejong Korean*, I would appreciate your warm interest so that the Ministry of Culture, Sports, and Tourism, the National Institute of Korean Language, and the King Sejong Institute Foundation can expand their reach throughout the world.

August 2022
Chang Sowon
Director, National Institute of Korean Language

Preface

The King Sejong Institute is an organization that connects Korea and the world by spreading the Korean language and culture worldwide. This book aims to enable learners to improve their communication skills in Korean by motivating their interest in learning the Korean language based on cross-cultural communication. To this end, the current situations in Korea have been reflected in the content of this book, and a new format and design are applied to introduce the latest teaching methods. We tried to present a new direction for overseas Korean language education. The features of this book are as follows.

First, there are two kinds of books, such as a 'student book' and an 'extension activity book,' so that instructors can use both of them flexibly in Type 가, Type 나, or Type 다, which is part of the standard curriculum of the King Sejong Institute. The 'student book' contains the core content required for each level, and the 'extension activity book' provides a variety of communication activities that require in-depth expansion of language knowledge. This flexibility allows learners to select the right book for their learning environment.

Second, the units are composed in different formats according to levels for effective teaching and learning. Also, this book applies the teaching as well as learning content and procedures relevant to the language development stage. In particular, various illustrations and visual materials motivate a learner's interest in learning Korean.

Third, we present vivid Korean cultural content throughout the book so learners can understand Korean culture from a cross-cultural point of view. As a result, learners can develop the right attitude towards their and Korean cultures.

Fourth, we provide workbooks, teacher's guides, vocabulary and grammar books, and class PPTs along with textbooks so instructors and learners can use them for their needs.

I would like to thank the National Institute of Korean Language for joining the entire production of this book from planning to the end. I would also like to thank the King Sejong Institute Foundation for its cooperation and support with local institutes worldwide. Also, I appreciate Kong & Park Publishing Company for designing this book for learners to learn Korean in a fun way. Lastly, I would like to thank the researchers who contributed all their efforts to this book with their love for Korean language education for almost three years.

August 2022

Lead Author Lee Jung Hee
Professor, Institute of International Education Kyung Hee University

Contents

		Foreword	3
		Preface	4
		Scope and Sequence	6
		How to Use This Book	8
		Characters	11
Time Spent With Friends	01	Do you want to have a club gathering this Friday?	13
	02	It takes about ten minutes from the King Sejong Institute	21
Something Special to Me	03	My grandmother made this necklace herself	29
	04	I met my middle school friend on my way to the King Sejong Institute	37
Essential Etiquette	05	Don't use your cell phone during performances	45
	06	Can I use my laptop here?	53
Various Personalities and Characteristics	07	I heard about her from Mari	61
	08	I used to have long hair when I was younger, but now I find short hair more comfortable	69
My Wish List	09	I want to meet someone like that, too!	77
	10	Mountain bikes are a little dangerous	85
Good Changes	11	At first, I was frustrated because there were so many things I didn't know	93
	12	I want to run a café like you	101
Appendix		Listening Scripts	110
		Answer Key	114
		Vocabulary Index	126
		Credits	130

Scope and Sequence

Unit	Topic	Title	Function
1	Time Spent With Friends	Do you want to have a club gathering this Friday?	Suggesting and recommending
2		It takes about ten minutes from the King Sejong Institute	Giving directions
3	Something Special to Me	My grandmother made this necklace herself	Introducing
4		I met my middle school friend on my way to the King Sejong Institute	Describing
5	Essential Etiquette	Don't use your cell phone during performances	Expressing prohibition
6		Can I use my laptop here?	Expressing permission
7	Various Personalities and Characteristics	I heard about her from Mari	Describing
8		I used to have long hair when I was younger, but now I find short hair more comfortable	Comparing
9	My Wish List	I want to meet someone like that, too!	Explaining
10		Mountain bikes are a little dangerous	Explaining
11	Good Changes	At first, I was frustrated because there were so many things I didn't know	Comparing
12		I want to run a café like you	Asking and answering questions

Vocabulary and Expressions	Grammar		Pronunciation	Activity
Preparing for a gathering	-(으)ㄹ래요?	-(으)ㄹ게요	Nasalization	Talking about planning gatherings Writing an invitation to a party
How to move	에서부터	-(으)ㄹ (Future tense of verbs)		Talking about how to move Writing an e-mail inquiring about an event
Gifts	-(으)시-	에게만, 에게도	Tensification	Introducing precious gifts Writing about precious gifts
Feelings	-다가	-아/어 주다		Talking about feelings Writing about special experiences
Audience etiquette for performances	-네요	-지 말다	Intonation (Exclamatory sentence)	Talking about audience etiquette for performances Writing about rules for a concert hall
Rules for public places	-아도/어도 되다	-(으)면 안 되다		Talking about rules for public places Writing about rules for public places
Personality	에게서, 한테서, 께	-(으)니까 (Discovery)	Pause	Talking about a friend's personality Writing an introduction about a close friend
Appearance	-는데/(으)ㄴ데	밖에		Comparing your childhood and your present self Writing about your childhood dreams and your current job
A person's characteristics	-기 때문에	-는데요/(으)ㄴ데요	ㅎ weakening	Describing a person you would like to meet Writing about a person you would like to get along with
Special experience	-는/(으)ㄴ 편이다	-게		Talking about your bucket list Writing about what you really want to do this year
Change	-아/어	에는, 에서는	Intonation (Informal interrogative sentence)	Talking about changes in yourself Writing a paragraph expressing your feelings to your friends
Wishes	처럼	-게 되다		Talking about wishes Writing about what you would like to do

How to Use This Book

Vocabulary and Expression

"Vocabulary and Expression" presents basic vocabulary and phrases related to the unit's topic, focusing on language use. This section is designed to provide a variety of exercises according to difficulty levels for a step-by-step learning environment. This section also helps learners internalize what they learn through basic vocabulary and phrases, repetitive drills, meaningful practices, and other activities.

Introduction

"Introduction" presents situations and introduces Korean cultural content related to the unit's topic. This section helps learners familiarize themselves with the unit's content with fun and ease by triggering their background knowledge.

No. 1 enables learners to understand vocabulary meanings through illustrations or simple activities. No. 2 and No. 3 provide additional exercises for the expressions and offer an opportunity for learners to express themselves.

Grammar 1 — Grammar 2

"Grammar 1" and "Grammar 2" present two essential grammar concepts considering their necessity and importance in the unit. The description of each grammar concept is shown at the top of the page.

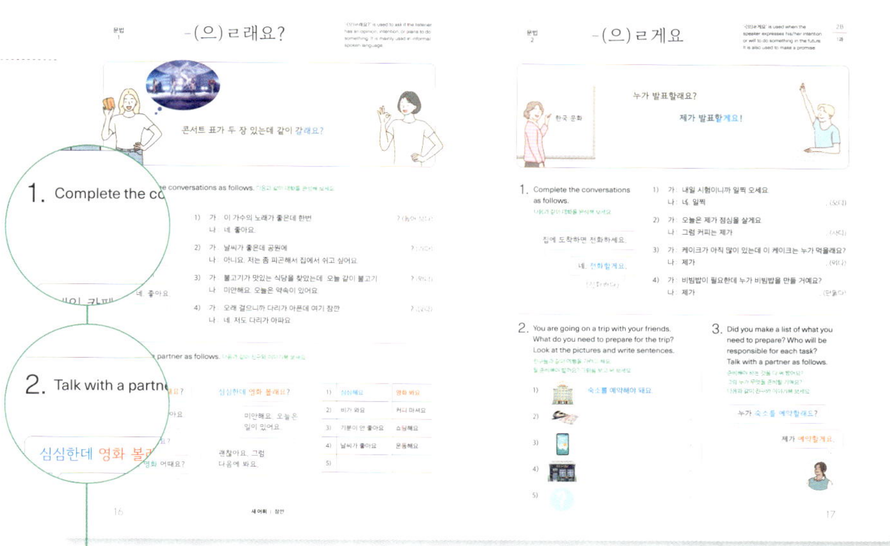

- No. 1 helps learners master grammar concepts through controlled and simple exercises.
- No. 2 helps learners reinforce the grammar concepts through speaking activities with their partners or group activities using their knowledge or experiences.

Activity 1

"Activity 1" focuses on listening and speaking activities based on the conversation.

In Level 2, every odd-numbered unit presents target words or phrases with actual pronunciations and explanations about how to pronounce them. Therefore learners can understand the pronunciation rules and develop good pronunciation habits.

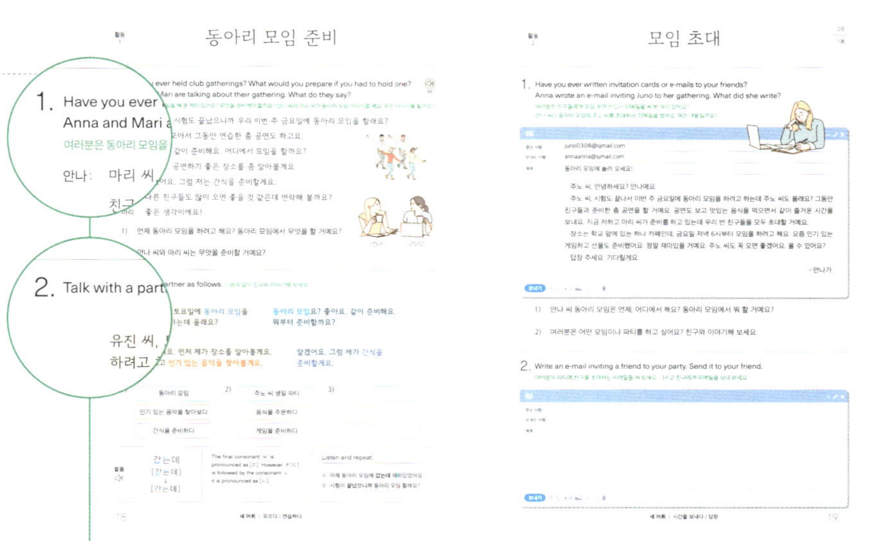

- No. 1 presents sample dialogues with the topic of the unit. Before each dialogue, the question used in the directions motivates learners to predict what the dialogue will be about. After the dialogue, there are comprehension questions to check whether learners understood the dialogue.
- No. 2 organizes the contents of sample dialogues into systematic charts for learners to become familiar with the expressions by practicing through the substitution of vocabulary. As the last step of this substitution exercise, learners can express themselves in similar situations by creating dialogues using their knowledge or experiences.

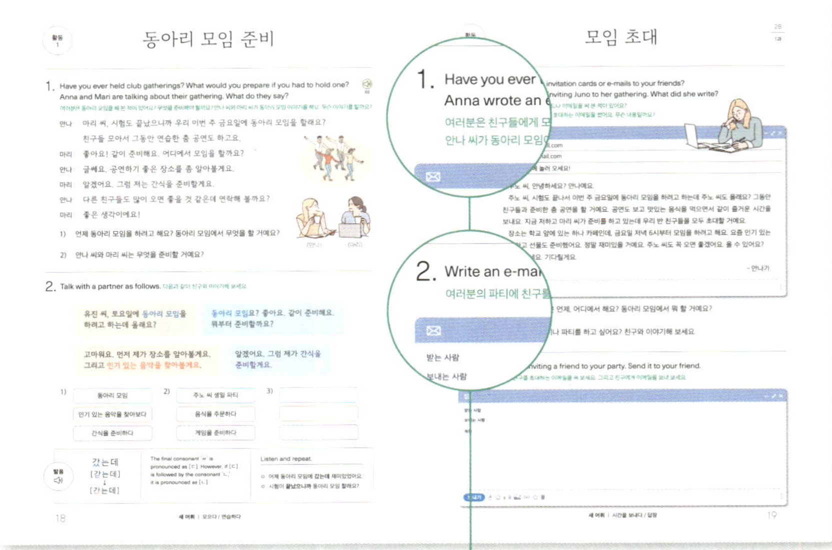

Activity 2

Activity 2 focuses on reading and writing practices.

No. 1 presents opening questions related to the topic as a pre-reading activity and offers comprehension checkup questions.

No. 2 offers a writing activity related to the topic of the reading passage in No. 1 Learners can practice their writing skills by using the text in No. 1 as an example.

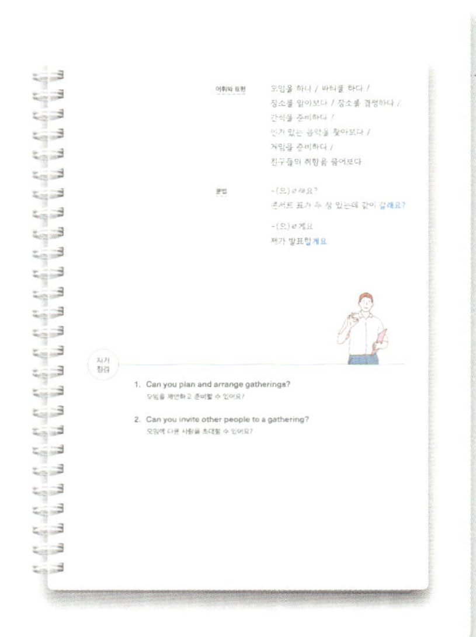

Wrap Up **Self-Check**

“Wrap Up” summarizes vocabulary, expressions, and grammar concepts covered in the unit. This section presents key sentences including target grammar concepts, so learners can reinforce their understanding and put it into practice.

“Self-Check” presents questions to check the learners’ understanding of the topic and whether they can put it into practice. By answering those questions learners can check whether they achieved the unit’s learning objectives.

Characters

Mari
마리

Mari is an office worker. She works for the same company as Jaemin. She likes hiking and listening to K-POP.

Sujie
수지

Sujie is a university student. She is currently studying abroad. She likes taking pictures.

Anna
안나

Anna is a university student. She likes Korean dramas and K-POP. She has a cheerful and outgoing personality.

Eugene
유진

Eugene is a university student. He enjoys watching movies, playing tennis, and doing other activities.

Juno
주노

Juno is an office worker. He studied in Korea. He enjoys reading and traveling.

Jaemin
재민

Jaemin is an office worker. He works for an overseas company. He enjoys taking walks and camping.

Do you want to have a club gathering this friday?

이번 주 금요일에 동아리 모임 할래요?

Let's plan and arrange gatherings.

모임을 제안하고 준비할 수 있어요.

S 2B
1

When do people have parties or gatherings?

사람들은 언제 파티나 모임을 할까요?

When do you have parties or gatherings?

여러분은 언제 파티나 모임을 해요?
파티나 모임에서 무엇을 해요?

모임 준비

1. Have you ever prepared for gatherings or parties? How do you usually prepare for them? Check (√) the things you do.

여러분은 모임이나 파티를 준비해 본 적이 있어요? 여러분은 보통 뭘 준비해요? 여러분이 하는 것에 √ 표시를 해 보세요.

모임을 하다

파티를 하다

- ☐ 장소를 알아보다
- ☐ 장소를 결정하다
- ☐ 간식을 준비하다
- ☐ 인기 있는 음악을 찾아보다
- ☐ 게임을 준비하다
- ☐ 친구들의 취향을 물어보다

2. Listen carefully and fill in the blanks.

잘 듣고 빈칸에 알맞은 말을 써 보세요.

01

1) 가: 어디에서 파티를 해요? 장소를 결정했어요?
   나: 아직 못 정했어요. 지금 좋은 ....

2) 가: 파티에서 뭘 하면 재미있을까요?
   나: 같이 게임하면 재미있을 것 같아요.
   ....?

3) 가: 3시에 모임을 하면 배고플 것 같은데 뭘 좀 준비할까요?
   나: 좋아요. .... 좋을 것 같아요.

4) 가: 우리 반 친구들이 어떤 음악을 좋아할까요?
   나: 음. .... 좋을 것 같아요.

3. What do you spend more time on while preparing for parties or gatherings? Talk about it.

여러분은 파티나 모임을 할 때 어떤 것을 더 준비해요? 이야기해 보세요.

문법 1

-(으)ㄹ래요?

'-(으)ㄹ래요?' is used to ask if the listener has an opinion, intention, or plans to do something. It is mainly used in informal spoken language.

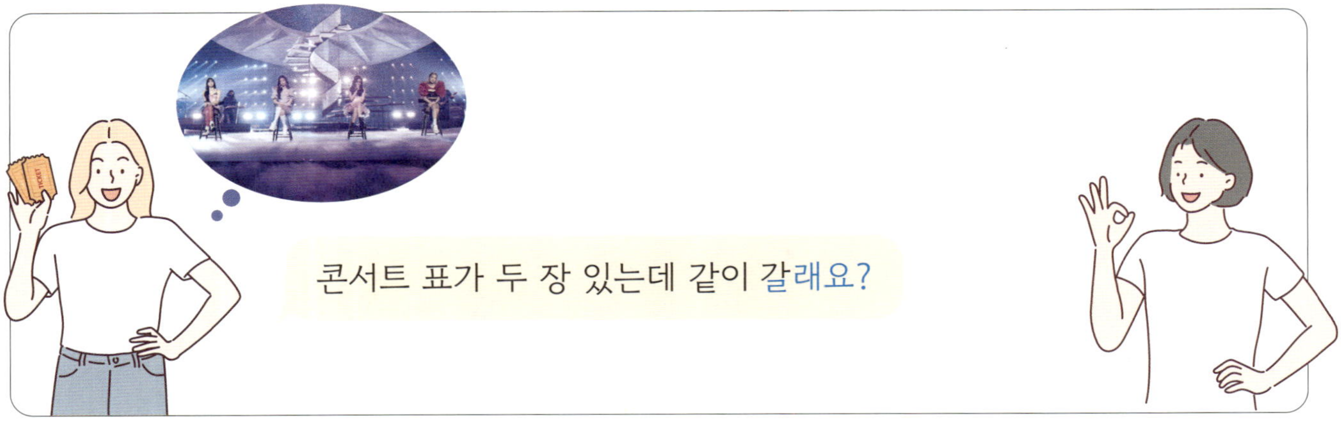

1. Complete the conversations as follows. 다음과 같이 대화를 완성해 보세요.

내일 카페에서 만날래요?

(만나다)

네. 좋아요.

1) 가 : 이 가수의 노래가 좋은데 한번 ________________? (들어 보다)
   나 : 네. 좋아요.

2) 가 : 날씨가 좋은데 공원에 ________________? (가다)
   나 : 아니요. 저는 좀 피곤해서 집에서 쉬고 싶어요.

3) 가 : 불고기가 맛있는 식당을 찾았는데 오늘 같이 불고기 ________________? (먹다)
   나 : 미안해요. 오늘은 약속이 있어요.

4) 가 : 오래 걸으니까 다리가 아픈데 여기 잠깐 ________________? (앉다)
   나 : 네. 저도 다리가 아파요.

2. Talk with a partner as follows. 다음과 같이 친구와 이야기해 보세요.

심심한데 영화 볼래요?

네. 좋아요.

무슨 영화 볼래요?

한국 영화 어때요?

심심한데 영화 볼래요?

미안해요. 오늘은 일이 있어요.

괜찮아요. 그럼 다음에 봐요.

1)	심심해요	영화 봐요
2)	비가 와요	커피 마셔요
3)	기분이 안 좋아요	쇼핑해요
4)	날씨가 좋아요	운동해요
5)		

새 어휘 | 잠깐

문법 2

-(으)ㄹ게요

'-(으)ㄹ게요' is used when the speaker expresses his/her intention or will to do something in the future. It is also used to make a promise.

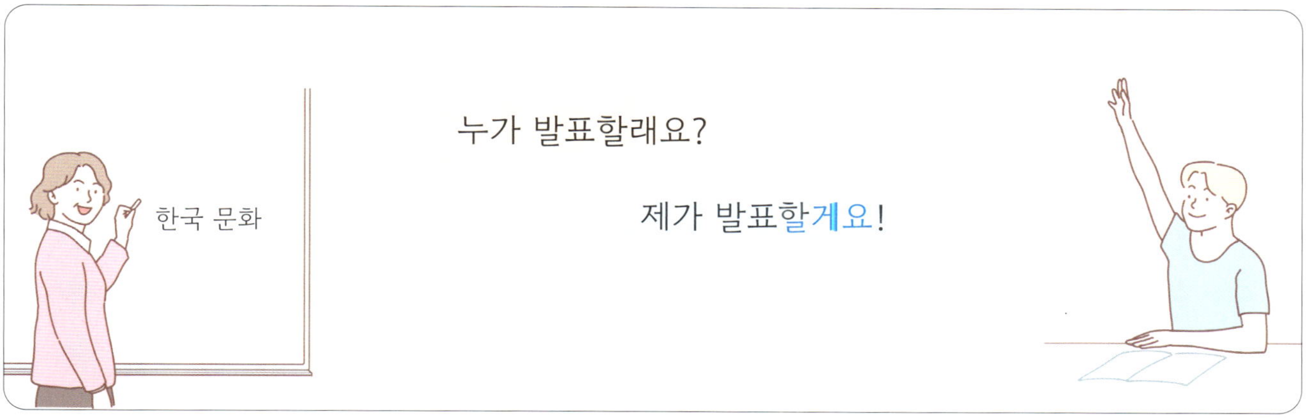

1. Complete the conversations as follows.

다음과 같이 대화를 완성해 보세요.

집에 도착하면 전화하세요.

네. 전화할게요.

(전화하다)

1) 가 : 내일 시험이니까 일찍 오세요.
   나 : 네. 일찍 ______________. (오다)

2) 가 : 오늘은 제가 점심을 살게요.
   나 : 그럼 커피는 제가 ______________. (사다)

3) 가 : 케이크가 아직 많이 있는데 이 케이크는 누가 먹을래요?
   나 : 제가 ______________. (먹다)

4) 가 : 비빔밥이 필요한데 누가 비빔밥을 만들 거예요?
   나 : 제가 ______________. (만들다)

2. You are going on a trip with your friends. What do you need to prepare for the trip? Look at the pictures and write sentences.

친구들과 같이 여행을 가려고 해요.
뭘 준비해야 할까요? 그림을 보고 써 보세요.

1)  숙소를 예약해야 돼요.

2)  ______________.

3)  ______________.

4) 

______________.

5) ______________.

3. Did you make a list of what you need to prepare? Who will be responsible for each task? Talk with a partner as follows.

준비해야 하는 것을 다 써 봤어요?
그럼 누가 무엇을 준비할 거예요?
다음과 같이 친구와 이야기해 보세요.

누가 숙소를 예약할래요?

제가 예약할게요.

활동 1

동아리 모임 준비

1. Have you ever held club gatherings? What would you prepare if you had to hold one? Anna and Mari are talking about their gathering. What do they say?

02

여러분은 동아리 모임을 해 본 적이 있어요? 무엇을 준비해야 할까요? 안나 씨와 마리 씨가 동아리 모임 이야기를 해요. 무슨 이야기를 할까요?

안나: 마리 씨, 시험도 끝났으니까 우리 이번 주 금요일에 동아리 모임을 할래요?
친구들 모아서 그동안 연습한 춤 공연도 하고요.

마리: 좋아요! 같이 준비해요. 어디에서 모임을 할까요?

안나: 글쎄요. 공연하기 좋은 장소를 좀 알아볼게요.

마리: 알겠어요. 그럼 저는 간식을 준비할게요.

안나: 다른 친구들도 많이 오면 좋을 것 같은데 연락해 볼까요?

마리: 좋은 생각이에요!

(안나) (마리)

1) 언제 동아리 모임을 하려고 해요? 동아리 모임에서 무엇을 할 거예요?

2) 안나 씨와 마리 씨는 무엇을 준비할 거예요?

2. Talk with a partner as follows. 다음과 같이 친구와 이야기해 보세요.

유진 씨, 토요일에 동아리 모임을 하려고 하는데 올래요?

동아리 모임요? 좋아요. 같이 준비해요. 뭐부터 준비할까요?

고마워요. 먼저 제가 장소를 알아볼게요. 그리고 인기 있는 음악을 찾아볼게요.

알겠어요. 그럼 제가 간식을 준비할게요.

1)	2)	3)
동아리 모임	주노 씨 생일 파티	
인기 있는 음악을 찾아보다	음식을 주문하다	
간식을 준비하다	게임을 준비하다	

발음

갔는데
[갇는데]
↓
[간는데]

The final consonant 'ㅆ' is pronounced as [ㄷ]. However, if [ㄷ] is followed by the consonant 'ㄴ,' it is pronounced as [ㄴ].

Listen and repeat.

- 어제 동아리 모임에 **갔는데** 재미있었어요.
- 시험이 **끝났으니까** 동아리 모임 할래요?

새 어휘 | 모으다 / 연습하다

활동 2

모임 초대

1. Have you ever written invitation cards or e-mails to your friends? Anna wrote an e-mail inviting Juno to her gathering. What did she write?

여러분은 친구들에게 모임 초대 카드나 이메일을 써 본 적이 있어요?
안나 씨가 동아리 모임에 주노 씨를 초대하는 이메일을 썼어요. 무슨 내용일까요?

받는 사람	juno0308@sjmail.com
보내는 사람	annaanna@sjmail.com
제목	동아리 모임에 놀러 오세요!

주노 씨, 안녕하세요? 안나예요.

주노 씨, 시험도 끝나서 이번 주 금요일에 동아리 모임을 하려고 하는데 주노 씨도 올래요? 그동안 친구들과 준비한 춤 공연을 할 거예요. 공연도 보고 맛있는 음식을 먹으면서 같이 즐거운 시간을 보내요. 지금 저하고 마리 씨가 준비를 하고 있는데 우리 반 친구들을 모두 초대할 거예요.

장소는 학교 앞에 있는 하나 카페인데, 금요일 저녁 6시부터 모임을 하려고 해요. 요즘 인기 있는 게임하고 선물도 준비했어요. 정말 재미있을 거예요. 주노 씨도 꼭 오면 좋겠어요. 올 수 있어요?

답장 주세요. 기다릴게요.

– 안나가.

보내기

1) 안나 씨 동아리 모임은 언제, 어디에서 해요? 동아리 모임에서 뭐 할 거예요?

2) 여러분은 어떤 모임이나 파티를 하고 싶어요? 친구와 이야기해 보세요.

2. Write an e-mail inviting a friend to your party. Send it to your friend.

여러분의 파티에 친구를 초대하는 이메일을 써 보세요. 그리고 친구에게 이메일을 보내 보세요.

받는 사람

보내는 사람

제목

보내기

새 어휘 | 시간을 보내다 / 답장

어휘와 표현

모임을 하다 / 파티를 하다 /
장소를 알아보다 / 장소를 결정하다 /
간식을 준비하다 /
인기 있는 음악을 찾아보다 /
게임을 준비하다 /
친구들의 취향을 물어보다

문법

-(으)ㄹ래요?
콘서트 표가 두 장 있는데 같이 갈래요?

-(으)ㄹ게요
제가 발표할게요.

자기 점검

1. **Can you plan and arrange gatherings?**
   모임을 제안하고 준비할 수 있어요?

2. **Can you invite other people to a gathering?**
   모임에 다른 사람을 초대할 수 있어요?

It takes about ten minutes from the King Sejong Institute

세종학당에서부터 걸어서 10분쯤 걸려요

Let's explain how to get to a destination.

목적지까지 가는 방법을 설명할 수 있어요.

S 2B 2

How do you get
to the King Sejong Institute?
How long does it take?

여러분은 세종학당에 올 때 어떻게 와요?
시간이 얼마나 걸려요?

Have you ever had a hard time because
you didn't know how to get somewhere?
What did you do?

길을 잘 몰라서 힘든 적이 있었어요?
그때 어떻게 했어요?

이동 방법

1. Have you ever seen these things on the roads? What are they called in Korean? Choose the appropriate words and fill in the blanks.
길에서 이런 것들을 본 적 있어요? 한국어로 뭐라고 할까요? 알맞은 것을 골라 빈칸에 써 보세요.

육교
횡단보도
지하도
신호등
사거리

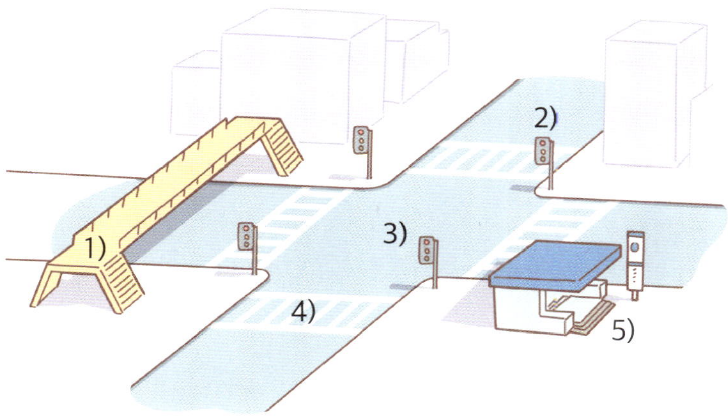

1) ______
2) ______
3) ______
4) ______
5) ______

2. Match each picture with the appropriate expression. Then listen and repeat.
그림과 알맞은 표현을 연결해 보세요. 그리고 듣고 따라 해 보세요.

01

1) 

2) 

3) 

• 앞으로 쭉 가다

• 오른쪽으로 돌아가다 (우회전하다)

• 왼쪽으로 돌아가다 (좌회전하다)

3. What can you see on the way from your home to the King Sejong Institute? Talk about it. 여러분 집에서 세종학당까지 올 때 무엇을 볼 수 있어요? 이야기해 보세요.

횡단보도와 육교를 볼 수 있어요.

문법
1

에서부터

'에서부터' attaches to a noun, indicating a place where an action or a state begins. '에서부터' is a combination of the postpositional particles '에서' and '부터.' It is mainly used to emphasize a place from which an action or state begins. The shortened form '서부터' can be used in everyday conversation.

가: 오늘 세종학당까지 걸어왔어요.
나: 정말요? 어디에서부터 걸어왔어요?
가: 집에서부터 걸어왔어요.

1. Complete the conversations as follows. 다음과 같이 대화를 완성해 보세요.

회사가 세종학당에서 멀어요?

네. 세종학당에서부터 회사까지 2시간쯤 걸려요.

(세종학당)

1) 가: 남산까지 걸어왔어요? 어디에서 출발했어요?
나: .... 걸어왔는데 1시간쯤 걸렸어요. (명동)

2) 가: 이 넓은 집을 혼자 다 청소했어요?
나: 네. .... 시작해서 그냥 했어요. (화장실)

3) 가: 리사 씨 고향에서 한국까지 멀어요?
나: 네. 제 .... 한국까지 10시간쯤 걸려요. (고향)

4) 가: 서울까지 혼자 운전을 했어요?
.... 운전을 했어요? (어디)
나: .... 혼자 운전을 했어요. (부산)

2. Complete the conversations as follows. 다음과 같이 대화를 완성해 보세요.

먼 거리를 걸어 본 적이 있어요?

네. 집에서부터 학교 도서관까지 걸어간 적이 있어요.

시간이 얼마나 걸렸어요?

한 시간쯤 걸렸어요.

1)	먼 거리를 걸어 본 적이 있어요?
2)	차를 타고 멀리 가 본 적 있어요?
3)	기차 타고 멀리 여행해 본 적 있어요?
4)	

새 어휘 | 걸어오다 / 그냥 / 멀리

문법 2

-(으)ㄹ

'-(으)ㄹ' is combined with a verb, indicating a situation, a plan, or an intention that will occur in the future.

그게 뭐예요?

친구에게 줄 선물이에요.

1. Complete the conversations as follows.

다음과 같이 대화를 완성해 보세요.

왜 이 우유는 안 마셔요?

이건 내일 마실 우유예요.

(마시다)

1) 가: 다음 주에 만날래요?
   나: 미안하지만 다음 주에 너무 바빠서 .... 시간이 없어요. (만나다)

2) 가: 이 표는 뭐예요?
   나: 내일 친구하고 .... 영화표예요. (보다)

3) 가: 뭘 샀어요?
   나: 내일 아침에 .... 빵을 샀어요. (먹다)

4) 가: 뭐 해요?
   나: 금요일 파티에서 .... 음악을 찾고 있어요. (듣다)

2. You are going on a trip to the beach tomorrow. While you are preparing for the trip, your friend comes by. Your friend looks at the items you prepared and asks questions. Talk with a partner as follows.

여러분이 한국의 제주도로 여행을 가려고 해요. 여행 준비를 하고 있는데 친구가 왔어요. 여러분이 준비한 물건을 보고 친구가 질문해요. 다음과 같이 친구와 이야기해 보세요.

이 책은 뭐예요?

비행기에서 읽을 책이에요.

비행기에서 읽다	바닷가에서 신다
내일 타다	여행지에서 입다
버스에서 마시다	한국에서 만나다
?	

활동 1

하나 카페에 가는 방법

1. How do you find directions to a place you're visiting for the first time? Eugene and Juno are talking about how to get to their meeting place. What do they say?

02

여러분은 처음 가는 장소에 갈 때 어떻게 길을 찾아요?
유진 씨와 주노 씨가 모임 장소에 가는 방법을 이야기해요. 무슨 이야기를 할까요?

유진: 오늘 춤 동아리 모임이 있죠? 세종학당에서 출발할 사람 있어요?

주노: 네. 저요. 모임 장소가 하나 카페죠? 세종학당에서 멀어요?

유진: 아니요. 멀지 않아요. 세종학당에서부터 걸어서 10분쯤 걸려요.

주노: 그래요? 어떻게 가요?

유진: 세종학당 앞에서 횡단보도를 건너면 영화관이 나와요.
그 영화관에서 오른쪽으로 돌아가면 하나 카페가 있어요.

주노: 아, 한 번 가 본 것 같아요. 수업 끝나고 같이 갈까요?

유진: 네. 좋아요.

1) 모임 장소는 세종학당에서 멀어요? 시간이 얼마나 걸려요?

2) 모임 장소에 어떻게 가요?

2. Talk with a partner as follows. 다음과 같이 친구와 이야기해 보세요.

오늘 반 모임에 갈 사람 있어요?

네. 저요. 모임 장소가 한국식당이죠? 그런데 세종학당에서부터 멀어요?

아니요. 세종학당 앞 지하도를 건너면 공원이 있는데 그 앞에 있어요.

아, 그래요? 이따가 같이 가요.

1)	2)	3)	4)
반 모임	주노 씨 생일 파티	동아리 모임	
세종학당	학교	정문	
지하도를 건너다	육교를 건너다	횡단보도를 건너다	

새 어휘 | 나오다 / 정문

활동 2

한글날 행사 안내

1. Have you ever read an event notice? The King Sejong Institute wrote an event guide for Hangeul Day. What does it say?

여러분은 행사 안내 글을 읽어 본 적이 있어요? 세종학당에서 한글날 행사를 안내하는 글을 썼어요. 무슨 내용일까요?

제목	한글날 행사 안내

세종학당 학생 여러분.

안녕하세요? 우리 세종학당에서는 10월 9일 2시에 K 호텔에서 한글날 행사를 할 예정입니다. 한글을 만든 세종 대왕의 영화도 보고 재미있는 한글 캘리그래피도 배울 것입니다. 그리고 우리 세종학당의 춤 동아리 학생들이 멋진 케이팝(K-POP) 공연도 할 예정입니다.

세종학당에서부터 같이 출발할 학생들은 9일 1시 반까지 세종학당 정문으로 오세요. 따로 올 학생들은 오른쪽의 지도를 보고 찾아오세요.

〈세종학당에서 K 호텔까지 오는 길〉

한글날 행사에 참석할 학생들은 10월 1일까지 sejonghakdang_k@sjmail.com으로 이메일을 보내세요. 혹시 궁금한 것이 있으면 이 이메일로 질문하세요.

1) 한글날 행사는 언제 어디에서 해요? 이 행사에서는 무엇을 할 예정이에요?

2) 여러분이 모임이나 행사를 하면 어디에서 하고 싶어요?
친구들에게 세종학당에서부터 그 장소까지 찾아오는 길을 말할 수 있어요? 이야기해 보세요.

2. You are going to attend this event. However, you're busy and you can only attend from 3 p.m. You want to find out at what time the event will end. How would you write an e-mail to ask this? Write an e-mail.

여러분이 이 행사에 참석하려고 해요. 그런데 일이 있어서 3시부터 참석할 수 있어요. 그리고 몇 시간 동안 행사를 하는지 알고 싶어요. 어떻게 이메일을 보내면 좋을까요? 이메일을 한번 써 보세요.

받는 사람 sejonghakdang_k@sjmail.com

보내는 사람

선생님, 안녕하세요? 저는

보내기

새 어휘 | 한글날 / 행사 / 안내 / 예정 / 세종 대왕 / 캘리그래피 / 멋지다 / 따로 / 참석하다 / 궁금하다

어휘와 표현

육교 / 횡단보도 / 지하도 / 신호등 / 사거리 / 앞으로 쭉 가다 / 오른쪽으로 돌아가다(우회전하다) / 왼쪽으로 돌아가다(좌회전하다)

문법

에서부터

집에서부터 세종학당까지 걸어왔어요.

-(으)ㄹ

친구에게 줄 선물을 샀어요.

자기 점검

1. **Can you talk about how to get to a place?**
   이동 방법을 말할 수 있어요?

2. **Can you explain how to get to a destination?**
   목적지까지 가는 방법을 설명할 수 있어요?

My grandmother made this necklace herself

할머니께서 직접 만드신 목걸이예요

Let's talk about precious gifts.

소중한 선물을 소개할 수 있어요.

S 2B 3

When do you usually give gifts in your country? What kinds of gifts do you give?

여러분 나라에서는 언제, 어떤 선물을 많이 해요?

What are some popular gifts in Korea?

한국에서는 어떤 선물을 많이 할까요?

234 Koreans aged 15-34 were asked about gifts they usually give.

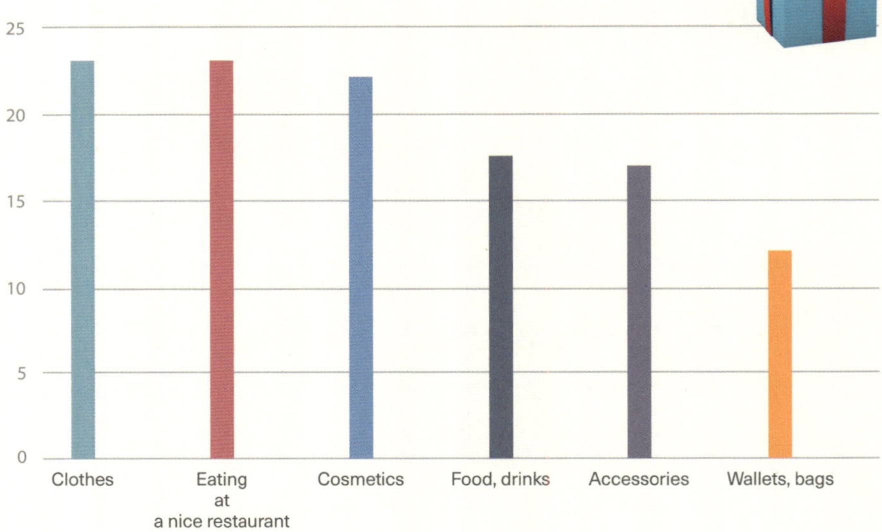

선물

1. The following are some common expressions for gifts. Check (√) the expressions you know.
다음은 선물과 관련된 표현이에요. 아는 것에 √ 표시를 해 보세요.

☐ 선물을 주다 / 선물을 하다

☐ 선물을 고르다

☐ 선물을 포장하다

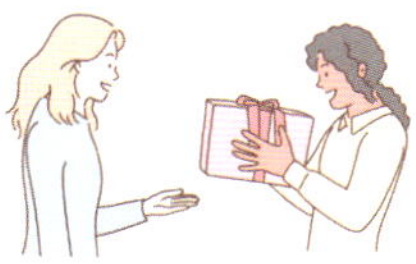
☐ 선물을 받다

☐ 포장을 풀다

☐ 선물을 꺼내다

2. What kind of gift do you want to receive? Check (√) the items you want. Or write a gift that you would like to receive. 여러분은 어떤 선물을 받고 싶어요? √ 표시를 해 보세요. 또는 받고 싶은 선물을 써 보세요.

☐ 향수

☐ 넥타이

☐ 노트북

☐ 목걸이

☐ ....

3. Listen carefully and fill in the blanks. 잘 듣고 빈칸에 알맞은 말을 써 보세요.

01

1) 가: 뭘 보고 있어요?
   나: 다음 주에 마리 씨 생일이 있어서 인터넷으로 ....

2) 가: 다음 달에 친구가 외국에 공부하러 가는데 뭘 하면 좋을까요?
   나: .... ?

3) 가: 동생에게 무슨 선물을 하면 좋을까요?
   나: 이번에 취직했으니까 .... ?

4) 가: 무슨 선물을 받고 싶어요?
   나: 저는 ....

4. What kind of gift would you like to give to someone you love?
여러분은 사랑하는 사람에게 어떤 선물을 주고 싶어요? 이야기해 보세요.

새 어휘 | 취직하다

문법 1

-(으)시-

'-(으)시-' is combined with a verb, an adjective, or a noun, describing an action or a state of the subject. We use it in formal speech. '-(이)세요' is used when it is combined with a noun.

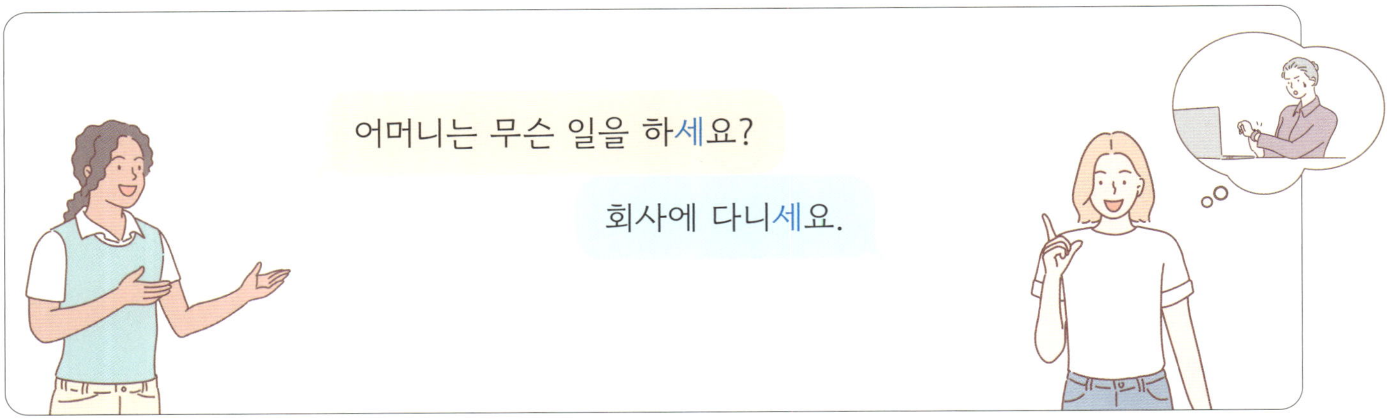

1. Complete the sentences as follows. 다음과 같이 문장을 완성해 보세요.

아버지 | 영화를 좋아하다 → 아버지께서 영화를 좋아하세요.

1)  아버지 | 요리하다 → 아버지께서 ____________.

2)  어머니 | 수학을 가르치다 → 어머니께서 ____________.

3)  할아버지 | 책을 읽다 → 할아버지께서 ____________.

4)  할머니 | 음악을 듣다 → 할머니께서 ____________.

---

2. Can you talk about your family members or teachers you like? Talk with a partner as follows.
여러분이 좋아하는 가족이나 어른들은 어떤 분이세요? 다음과 같이 친구와 이야기해 보세요.

수지 씨의 아버지는 어떤 분이세요?

우리 아버지는 요리를 잘하세요. 그리고 영화를 아주 좋아하세요.

아, 그럼 혹시 요리사세요?

아니요. 학교에서 영어를 가르치세요. 취미가 요리세요.

새 어휘 | 수학 / 할아버지 / 할머니 / 분

문법 2

에게만, 에게도

'에게만' is a combination of '에게' and '만.' It is used to indicate that a particular action influences only a single target. '에게도' is a combination of '에게' and '도.' It is used when a target other than a specific person is influenced by a particular action.

안나 씨가 유진 씨에게만 편지를 줬어요.

안나 씨가 주노 씨에게도 편지를 줬어요.

1. Complete the sentences as follows.

다음과 같이 문장을 완성해 보세요.

> 유진 씨가 재민 씨에게만 책을 줬어요. 주노 씨에게는 안 줬어요.

> 유진 씨가 마리 씨에게 선물을 줬어요. 안나 씨에게도 선물을 줬어요.

1) 재민 씨가 안나 씨에게 선물을 줬어요.
마리 씨 .... 선물을 줬어요.

2) 아버지가 동생 .... 지갑을 주셨어요.
저는 안 주셨어요.

3) 마리 씨가 수지 씨 .... 향수를 줬어요.
다른 친구들에게는 안 줬어요.

4) 수지 씨가 재민 씨에게 넥타이를 줬어요.
유진 씨 .... 넥타이를 줬어요.

2. Anna held a Christmas party. Look at the pictures and complete the story with a partner using "에게만" and "에게도."

안나 씨가 크리스마스 파티를 했어요. 그림을 보고 '에게만', '에게도'를 넣어 친구와 이야기를 만들어 보세요.

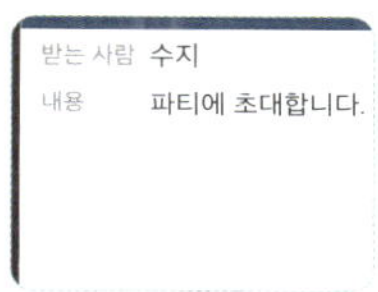

파티에 초대하려고 수지 씨에게 이메일을 보냈어요.

1) 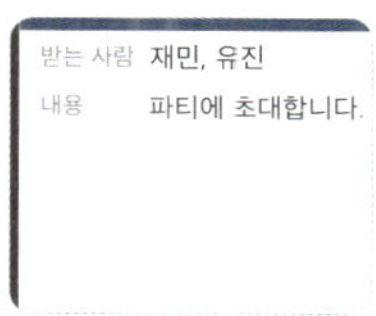

....
이메일을 보냈어요.

2) 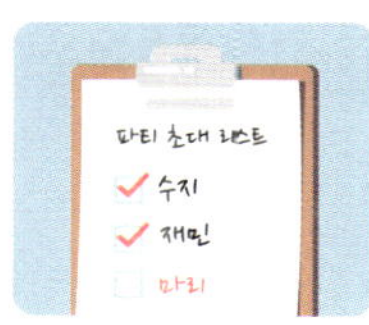

그런데 ....
....

3) 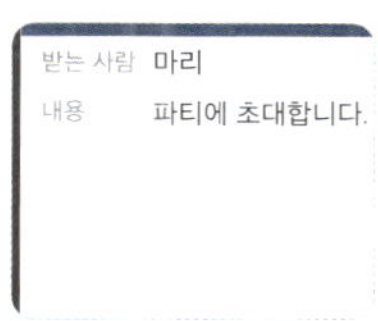

그래서 ....
....

4) 

파티에서 안나 씨가 수지 씨에게 선물을 줬어요. 그리고 ....
....

활동 1

소중한 선물

1. What are some of the most precious things you received? Who gave them to you? Juno and Anna are talking about things that are precious to them. What do they say?

02

여러분에게 소중한 물건은 뭐예요? 누가 준 거예요? 주노 씨와 안나 씨가 소중한 물건에 대해 이야기를 해요. 무슨 이야기를 할까요?

주노: 안나 씨, 오늘 목걸이가 예뻐요. 새로 샀어요?

안나: 아, 아니요. 작년 크리스마스에 받은 선물이에요.
우리 할머니께서 직접 만드신 목걸이예요.

주노: 와, 직접요? 할머니께서 너무 멋있으세요.

안나: 네. 그래서 저에게 정말 소중한 목걸이예요. 디자인은 조금 다르지만 동생에게도 주셨어요.

주노: 목걸이를 볼 때마다 할머니가 생각날 것 같아요.

안나: 네. 지금 할머니 이야기를 하니까 할머니가 더 보고 싶어요.

1) 안나 씨는 언제 목걸이를 선물 받았어요?

2) 왜 그 목걸이가 소중해요?

2. Talk with a partner as follows. 다음과 같이 친구와 이야기해 보세요.

재민 씨, 이 테이블 디자인이 멋있어요. 새로 샀어요?

아, 멋있죠? 이사할 때 어머니께서 주신 선물이에요.

와, 테이블을 볼 때마다 어머니 생각이 날 것 같아요.

네. 저에게만 주신 선물이어서 특히 소중해요.

1)	2)	3)
테이블	넥타이	
이사하다	취직하다	
어머니	할아버지	

발음

먹고
[먹꼬]

When final consonants, such as 'ㄱ,' 'ㄷ' and 'ㅂ' are followed by a syllable starting with 'ㄱ,' the following 'ㄱ' is pronounced as [ㄲ].

Listen and repeat.

- 코트를 **입고** 나가세요.
- 직접 만드신 **목걸이예요.**

새 어휘 | 새로 / 소중하다 / 생각나다

활동 2

소중한 선물 소개

1. What are the most memorable gifts you received? Mari wrote about a precious gift she received. Before reading, look at the picture and guess what it is.
여러분은 기억에 남는 선물이 있어요? 마리 씨가 소중한 선물을 소개하는 글을 썼어요. 어떤 선물일까요? 먼저 그림을 보고 생각해 보세요.

소중한 선물

여러분은 기억에 남는 소중한 선물이 있습니까?

저는 겨울이 오면 생각나는 선물이 있습니다. 10살 생일 때 어머니께서 직접 만드신 목도리를 생일 선물로 주셨습니다.

빨간 목도리였는데 정말 예쁘고 따뜻했습니다. 그 빨간 목도리를 아주 좋아해서 매일 그 목도리를 하고 학교에 갔습니다. 지금도 겨울에는 그 목도리를 합니다.

목도리를 하고 있으면 어머니의 웃는 얼굴이 생각납니다. 어머니께서 직접 만드셔서 저에게 너무 소중한 선물입니다. 여러분에게 가장 소중한 선물은 무엇입니까?

1) 마리 씨에게 가장 소중한 선물은 뭐예요? 왜 그게 소중해요?

2) 여러분에게 소중한 선물은 뭐예요? 이야기해 보세요.

2. Read the text above and write about a precious gift you received.
When did you get it and who gave it to you? Why is it so precious?
글을 읽고 여러분의 소중한 선물에 대해 글을 써 보세요. 언제, 누구에게 받았어요? 왜 그 선물이 소중해요?

어휘와 표현

선물을 주다 / 선물을 하다 / 선물을 고르다 /
선물을 포장하다 / 선물을 받다 /
포장을 풀다 / 선물을 꺼내다 /
향수 / 넥타이 / 노트북 / 목걸이

문법

-(으)시-
어머니는 회사에 다니세요.

에게만, 에게도
안나 씨가 유진 씨에게만 편지를 줬어요.

안나 씨가 수지 씨에게 선물을 줬어요.
주노 씨에게도 선물을 줬어요.

자기 점검

1. **Can you talk about the gifts you gave or received?**
   주거나 받은 선물에 대해 말할 수 있어요?

2. **Can you talk about a precious gift you received?**
   소중한 선물을 소개할 수 있어요?

I met my middle school friend on my way to the King Sejong Institute

세종학당에 오다가 중학교 때 친구를 만났어요

Let's talk about special memories.

특별한 기억을 설명할 수 있어요.

The "Heart Post Office"

that presents special memories

The Heart Post Office is located in a museum in Korea.
If you write a letter to your future self, it will be sent to you in a year's time.
It will feel special to receive a letter that you wrote to yourself a year ago.

Why are the letters
from the Heart Post Office special?
'마음 우체국'에서 보내는 편지는 왜 특별할까요?

What would you like to
tell your future self in a year?
Write about it briefly.
여러분은 1년 후의 나에게
어떤 이야기를 하고 싶어요?
간단히 써 보세요.

To my future self in a year,

기분

1. How does your partner feel today? Check (√) the expressions. Then listen and repeat.

오늘 친구의 기분이 어떤 것 같아요? √ 표시를 해 보세요. 그리고 듣고 따라 해 보세요.

01

☐ 기분이 좋다 ☐ 기쁘다 ☐ 최고이다 ☐ 즐겁다 ☐ 신나다

☐ 기분이 나쁘다 ☐ 힘들다 ☐ 짜증이 나다 ☐ 걱정이 많다 ☐ 지루하다

2. How do you think this person feels? Match the appropriate expressions as follows.

이 사람은 기분이 어떨까요? 다음과 같이 알맞은 것을 연결해 보세요.

1)  시험에 합격했어요. • • 신나요.

2) 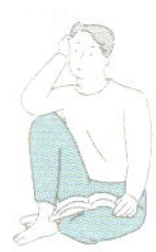 소설이 재미없어요. • • 짜증이 나요.

3)  새로운 곳을 여행해요. • • 최고예요.

4) 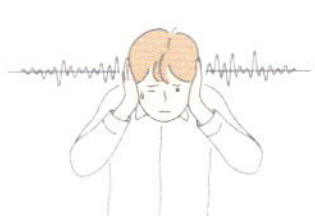 밖이 너무 시끄러워요. • • 지루해요.

5)  중요한 시험이 있어요. • • 걱정이 많아요.

3. How are you feeling today? Talk about it. 여러분은 오늘 기분이 어때요? 이야기해 보세요.

새 어휘 | 합격하다 / 곳 / 시끄럽다

문법 1

-다가

'-다가' indicates that an action or state has stopped and changed to another action or state. It is also used to quit halfway through something or do other things.

가: 안나는 언제 잠이 들었어요?
나: 책을 읽다가 잠이 들었어요.

가: 유진은 언제 친구를 만났어요?
나: 세종학당에 가다가 친구를 만났어요.

1. Complete the sentences as follows. 다음과 같이 문장을 완성해 보세요.

뉴스를 보다가 재미없어서 드라마를 봤어요.
(보다)

1) 커피를 ________________ 친구에게 전화했어요. (마시다)
2) 숙제를 ________ 모르는 단어가 있어서 사전을 찾았어요. (하다)
3) 수영을 ________________ 그만두었어요. (배우다)
4) 케이크를 ________________ 실패했어요. (만들다)

2. Complete the sentences as follows. 다음과 같이 문장을 완성해 보세요.

집에 가다가 → 집에 가다가 편의점에 들렀어요.
집에 가다가 선생님을 만났어요.

1) 밥을 먹다가 ________________.
2) 친구와 이야기를 하다가 ________________.
3) 영화를 보다가 ________________.
4) ________________ 얼마 전에 그만두었어요.

새 어휘 | 잠이 들다 / 뉴스 / 사전 / 그만두다 / 실패하다 / 들르다

문법 2

-아/어 주다

'-아/어 주다' indicates the act of helping someone. It is mainly used to offer or promise to help someone or ask somebody for help.

1. Complete the conversations as follows. 다음과 같이 대화를 완성해 보세요.

무엇을 도와드릴까요?

꽃집이 몇 층에 있어요? 좀 가르쳐 주세요.

(가르치다)

짐이 많아서 힘들지요? 제가 좀 들어 줄까요?

(들다)

네. 정말 고마워요.

1) 가: 어제 드라마 봤어요? 정말 재미있었지요?
   나: 저는 못 봤어요. 내용 좀 ____________. (이야기하다)

2) 가: 어? 계산해야 하는데 지갑을 안 가져왔어요.
   나: 제가 돈을 ____________? (빌리다)

3) 가: 수지 씨, 점심 먹었어요?
   나: 네. 친구가 김밥을 ____________. (만들다)

2. What are you going to do for this person? Look at the picture and talk about it.

이 사람에게 무엇을 해 줄 거예요? 그림을 보고 이야기해 보세요.

책을 주워 줄 거예요.

지하철역 사무실을 알려 줄 거예요.

활동 1

특별한 기억

1. Do you have any special memories with an old friend? It looks like Eugene is in a good mood. What are Anna and Eugene talking about?

02

여러분은 옛 친구와 어떤 특별한 기억이 있어요? 유진 씨에게 무슨 좋은 일이 있는 것 같아요. 안나 씨와 유진 씨는 무슨 이야기를 할까요?

안나: 유진 씨, 오늘 기분이 좋은 것 같아요.

유진: 네. 오늘 세종학당에 오다가 중학교 때 친구를 만났어요.

안나: 와, 중학교 때 친구요? 친한 친구였어요?

유진: 네. 옛날에 그 친구 집에서 자주 놀았어요.
친구 어머니께서 맛있는 음식도 많이 만들어 주셨어요.

안나: 정말 반가웠겠어요.

1) 유진 씨는 세종학당에 오다가 무슨 일이 있었어요?

2) 유진 씨는 중학교 때 친구와 어떤 특별한 기억이 있어요?

2. Talk with a partner as follows. 다음과 같이 친구와 이야기해 보세요.

유진 씨, 기분이 좋은 것 같아요.

세종학당에 오다가 중학교 때 친구를 만났어요.

아, 정말요?

네. 정말 반가웠어요.

1)	2)	3)	4)
기분이 좋다	신나다	기분이 나쁘다	
세종학당에 오다	계속 일만 하다	농구에서 이기고 있다	
중학교 때 친구를 만났다	주말에 여행을 다녀왔다	졌다	
반갑다	기분이 최고이다	짜증이 나다	

새 어휘 | 중학교 / 친하다 / 옛날 / 이기다 / 지다

활동 2

친구와의 특별한 경험

1. Is there a special friend that you haven't seen for a while? Anna wrote about a special experience with her friend. What did she write? Before reading, look at the picture and guess what it is.

여러분은 오랫동안 만나지 못한 특별한 친구가 있어요? 안나 씨가 친구와의 특별한 경험을 소개하는 글을 썼어요. 무슨 내용일까요? 먼저 그림을 보고 생각해 보세요.

오늘 저는 오랜만에 민호를 만났습니다. 민호는 제가 한국을 여행할 때 사귄 친구입니다. 우리는 기차 안에서 이야기를 하다가 친구가 되었습니다. 민호는 저에게 부산을 소개해 줬습니다. 그동안 연락을 못 했는데 오랜만에 만나서 정말 반가웠습니다. 민호는 지금 우리 나라를 여행하고 있습니다. 우리는 내일 다시 만나기로 했습니다. 이번에는 제가 민호에게 우리 나라를 소개해 줄 겁니다.

1) 안나 씨와 민호 씨는 언제 어디에서 처음 만났어요? 어떤 특별한 경험이 있어요? 두 사람은 다시 만날 거예요?

2) 여러분은 친구와 어떤 특별한 기억이 있어요? 이야기해 보세요.

2. Write about a special experience you've had with your friend. Give a presentation.

친구와의 특별한 경험을 소개하는 글을 써 보세요. 그리고 발표해 보세요.

새 어휘 | 사귀다

어휘와 표현

기분이 좋다 / 기쁘다 / 최고이다 / 즐겁다 / 신나다 / 기분이 나쁘다 / 힘들다 / 짜증이 나다 / 걱정이 많다 / 지루하다

문법

-다가

세종학당에 가다가 친구를 만났어요.

-아/어 주다

지하철역이 어디예요? 좀 알려 주세요.

자기 점검

1. **Can you describe your feelings?**
   자신의 기분을 말할 수 있어요?

2. **Can you talk about special memories?**
   특별한 기억을 설명할 수 있어요?

Don't use your cell phone during performances

공연 중에 핸드폰을 사용하지 마세요

Let's talk about etiquette in a concert hall.

공연장에서 지켜야 하는 예절을 말할 수 있어요.

S 2B

5

Do you like watching performances?
What kinds of performances
have you seen?

여러분은 공연 보는 것을 좋아해요?
어떤 공연을 봤어요?

Have you ever felt uncomfortable
during a performance due to the people
sitting around you? Talk about it.

공연을 볼 때 주변 사람 때문에 힘든 적이 있었어요?
이야기해 보세요.

I felt uncomfortable because the person
sitting in front of me kept standing up.

The person sitting next to me was very noisy.

The person sitting behind me kicked my seat.

공연 관람 예절

1. Have you ever been to a K-pop concert? What shouldn't you do during concerts? Check (√) all that is not allowed.
케이팝(K-POP) 공연장에 가 본 적이 있어요? 공연 중에 어떤 행동을 하면 안 될까요? 모두 √ 표시를 해 보세요.

☐ 음식을 먹으면서 보다

☐ 자리를 바꾸다

☐ 핸드폰으로 사진을 찍다

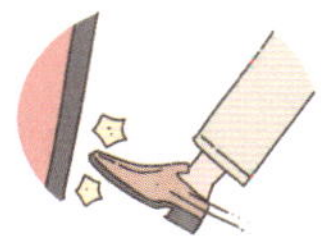

☐ 앞자리를 발로 차다

☐ 노래를 따라서 부르다

☐ 자리에서 일어나다

☐ 친구와 떠들다

☐ 박수를 치다

☐ 공연 중간에 나가다

2. Anna goes to a concert hall and listens to an announcement. Listen carefully and write down what you hear. 안나 씨가 공연장에 가서 안내 방송을 들어요. 다음을 잘 듣고 써 보세요. 01

안녕하십니까? 공연을 시작하기 전에 안내 말씀 드리겠습니다. 공연 중에는 ....

없습니다. 그리고 .... 없습니다. 공연 중간에는 ....

없습니다. 그럼 잠시 후에 공연을 시작하겠습니다. 감사합니다.

3. What did these people do wrong at the concert? Look at the picture and talk about it.
그림에 있는 사람들은 공연장에서 무엇을 잘못했어요? 그림을 보고 이야기해 보세요.

공연장에서 사진을 찍었어요.

....

....

....

문법
1

-네요

'-네요' is a sentence-closing ending that describes what the speaker has just learned. It indicates something that the speaker has newly learned from experience. It is often used to express exclamation.

와, 사람이 많네요.

어? 비가 많이 오네요.

1. Complete the conversations as follows.

다음과 같이 대화를 완성해 보세요.

공연장에 빈자리가 없어요.

네. 사람이 많이 왔네요.

(왔다)

1) 가: 안나 씨, 한국말을 정말 ____________. (잘하다)
   나: 아니에요. 아직 잘 못해요.

2) 가: 유진 씨도 그 펜을 샀어요? 저도 그 펜이 있어요.
   나: 정말요? 이 펜이 인기가 ____________. (많다)

3) 가: 집에서 회사까지 2시간 걸려요.
   나: 와, 집이 ____________. (멀다)

4) 가: 저 사람 배우 김민수 씨 아니에요?
   나: 그래요? 정말 ____________. (잘생겼다)

2. Look at the pictures and complete the sentences.

그림을 보고 문장을 완성해 보세요.

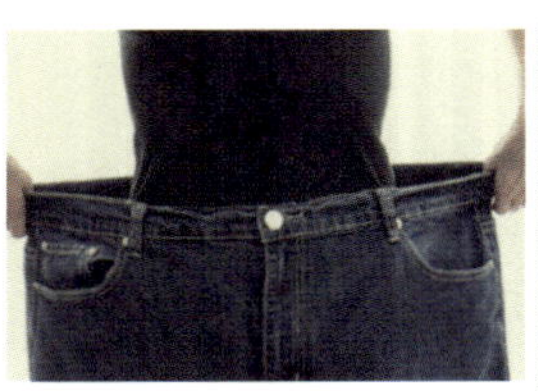

옷이 너무 크네요.

(크다)

1)  시험 문제가 생각보다 ____________. (어렵다)

2)  아이가 강아지를 정말 ____________. (좋아하다)

3) 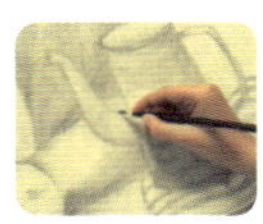 마리 씨, 그림을 아주 잘 ____________. (그리다)

4) 티셔츠가 정말 ____________. (멋지다)

3. Talk with a partner as follows.

다음과 같이 친구와 이야기해 보세요.

유진 씨, 오늘 쓴 모자가
아주 멋있네요!

새 어휘 | 빈자리 / 한국말 / 잘생기다 / 문제 / 아이

-지 말다

'-지 말다' indicates a prohibition of action, and it is mainly used to prohibit others from doing something.

영화관에서 이것을 하지 마세요!

1. Look at the signs and complete the sentences. 그림을 보고 문장을 완성해 보세요.

핸드폰을 사용하지 마세요.
영화를 보면서 이야기하지 마세요.
쓰레기를 버리지 마세요.

1)  사진을 ______________________. (찍다)

2)  여기에 ______________________. (주차하다)

3)  이곳에서 자전거를 ______________________. (타다)

4)  여기에서 담배를 ______________________. (피우다)

2. Look at the pictures and complete the sentences. 그림을 보고 문장을 완성해 보세요.

그릇을 만지지 마세요.
아주 뜨거워요.

(만지다)

1)  창문을 ______________________
______________________. (열다)

2)  안으로 ______________________
______________________. (들어가다)

3)  도서관에서 ______________________
______________________. (떠들다)

3. Which behaviors are not allowed in the King Sejong Institute? Talk as follows.

세종학당에서 하지 말아야 할 것은 무엇일까요? 다음과 같이 이야기해 보세요.

수업 시간에 늦게 오지 마세요.

교실에서 음식을 먹지 마세요.

새 어휘 | 쓰레기 / 주차하다 / 담배 / 피우다 / 만지다

활동 1

춤 공연 관람

1. Do you often go to concerts? Sujie and Eugene go to see a dance performance. Sujie asks Eugene a question before the performance begins. What does she ask?

02

여러분은 공연을 자주 보러 가요? 수지 씨와 유진 씨가 춤 공연을 보러 갔어요.
공연이 시작되기 전에 수지 씨가 유진 씨에게 질문을 해요. 무슨 질문을 할까요?

수지: 와, 사람이 아주 많네요!

유진: 그렇죠? 여기 안내 자료 받으세요.

수지: 고마워요, 유진 씨. 저는 춤 공연을 처음 보는데 뭘 조심해야 돼요?

유진: 다른 공연하고 비슷해요. 시작 전에 미리 들어가야 돼요. 그리고 공연 중에 박수를 치지 말고 핸드폰을 사용하지 마세요.

수지: 네. 알겠어요. 공연이 재미있으면 좋겠어요.

1) 수지 씨는 춤 공연을 자주 봐요?

2) 공연을 볼 때 무슨 행동을 하지 말아야 할까요?

2. Talk with a partner as follows. 다음과 같이 친구와 이야기해 보세요.

와, 사람이 아주 많네요!

그렇죠? 여기 안내 자료 받으세요.

고마워요. 저는 춤 공연을 처음 보는데 뭘 조심해야 돼요?

공연장에서 음식을 먹지 마세요.

1)	2)	3)
사람이 아주 많다	극장이 멋있다	
안내 자료	극장 안내문	
춤 공연	연극	
공연장에서 음식을 먹다	공연을 보면서 이야기하다	

발음

공부하네요!

The intonation of exclamatory sentences that end in "-네요" goes down and slightly rises at the end.

Listen and repeat.

- 사람이 아주 **많네요!**
- 공연이 정말 **재미있네요!**

새 어휘 | 안내 자료 / 조심하다 / 미리 / 극장 / 안내문 / 연극

활동
2

공연 관람 예절 안내

1. Have you ever looked for information about a performance on a website?
This is a performance guide on a website. What does it say?
여러분은 홈페이지에서 공연을 찾아본 적이 있어요? 다음은 홈페이지에 있는 안내예요. 어떤 내용이 있을까요?

http://

문화/ 행사 **문화 센터**

행사

문화
ㄴ공연 관람 예절
ㄴ공연·전시 일정

세종 문화 센터 공연 관람 예절을 알아볼까요?

- ✔ 공연 시작 10분 전까지 자리에 앉아 주세요.
- ✔ 공연장 안에 음식을 가지고 들어가지 마세요.
- ✔ 공연 중에 휴대 전화를 사용하지 마세요.
- ✔ 공연 중에 자리를 바꾸지 마세요.
- ✔ 사진은 공연장 밖에서만 찍을 수 있습니다.

우리 모두 즐거운 공연을 위해 함께 지켜요!

1) 홈페이지에 어떤 안내가 있어요?

2) 공연 관람 예절을 지키지 않으면 어떤 문제가 있을까요?

2. Write about what you should or shouldn't do at a concert. Then talk with a partner.
공연장에서 지켜야 할 것을 써 보세요. 그리고 친구와 이야기해 보세요.

- 공연 시작 전에 들어가야 해요.
- 공연장 안에 음식을 가지고 들어가지 마세요.
-
-
-
-

어휘와 표현

음식을 먹으면서 보다 /
자리를 바꾸다 /
핸드폰으로 사진을 찍다 /
앞자리를 발로 차다 /
노래를 따라서 부르다 /
자리에서 일어나다 /
친구와 떠들다 /
박수를 치다 /
공연 중간에 나가다

문법

-네요
와, 사람이 많네요.

-지 말다
영화관에서 핸드폰을 사용하지 마세요.

자기 점검

1. **Can you describe your feelings?**
   다른 사람의 행동을 금지하는 말을 할 수 있어요?

2. **Can you explain proper etiquette in a concert hall?**
   공연장에서 지켜야 하는 예절을 말할 수 있어요?

Can I use my laptop here?

여기에서 노트북을 사용해도 돼요?

Let's talk about etiquette in public places.

공공장소에서 지켜야 하는 예절을 말할 수 있어요.

S 2B 6

What are the places you see
in the pictures above?
A place that is accessible to the public and
open to use is called '공공장소 (public place).'

위 그림은 어디예요?
여러 사람들이 함께 있는 곳,
함께 사용하는 장소를 '공공장소'라고 해요.

There are rules that
everyone must follow in public places.
What are they? Talk about them.

공공장소에는 모두 지켜야 하는
규칙이 있어요. 어떤 규칙이 있을까요?
이야기해 보세요.

Taking pictures in museums is not allowed.

Be quiet in libraries.

Do not eat on the subway.

☐ 병원 ☐ 은행 ☐ 지하철역

☐ 버스 정류장 ☐ 공항 ☐ 도서관

☐ 미술관

공공장소 규칙

1. Are these behaviors allowed in public places? Check (√) all that is allowed. Then listen and repeat.

01

공공장소에서 다음 행동을 해도 괜찮아요? 괜찮은 것에 모두 √ 표시를 해 보세요. 그리고 듣고 따라 해 보세요.

☐ 규칙을 잘 지키다

☐ 줄을 서서 기다리다

☐ 버스에 천천히 타다

☐ 안전선을 넘다

☐ 큰 소리로 노래를 듣다

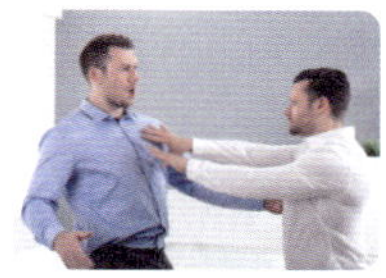

☐ 다른 사람을 밀다

☐ 여기저기 뛰어다니다

☐ 시끄럽게 통화하다

☐ 쓰레기를 버리다

2. What are you going to say to these people? Match each picture with the appropriate expression as follows.

다음 사람에게 뭐라고 할 거예요? 다음과 같이 알맞은 것을 연결해 보세요.

1)  • • 뛰어다니지 마세요.

2)  • • 줄을 서서 기다리세요.

3)  • • 쓰레기를 버리지 마세요.

4)  • • 시끄럽게 통화하지 마세요.

5)  • • 밀지 마세요.

(Example: 1) is matched with "줄을 서서 기다리세요.")

3. What do you care about the most in public places? Talk about it.

여러분은 공공장소에서 무엇을 제일 조심해요? 이야기해 보세요.

문법 1

-아도/어도 되다

'-아도/어도 되다' is combined with a verb or an adjective, indicating permission or approval for a particular event or a situation. It can be used both in questions and answers.

이거 버려도 돼요?

1. Complete the conversations as follows.

다음과 같이 대화를 완성해 보세요.

이 종이 버려도 돼요?

네. 버려도 돼요. 고마워요.

(버리다)

1) 가: 여기는 음료수를 마실 수 있는 곳이에요?
   나: 네. 여기에서는 음료수를 ______________. (마시다)

2) 가: 기차 시간이 다 되었는데 저 먼저 표를 ______________? (사다)
   나: 네. 먼저 사세요.

3) 가: 선생님, 오늘 동생 생일인데 빨리 집에 ______________? (가다)
   나: 네. 알겠어요. 다음 시간에 만나요.

4) 가: 이 놀이 기구에 7살 아이가 ______________? (타다)
   나: 네. 손님. 5살 이상이면 괜찮습니다.

5) 가: 이따 나갈 때 우산이 ______________? (없다)
   나: 네. 오늘은 비가 안 올 거예요.

2. What would you ask in these situations? Talk as follows.

다음 상황에서 어떻게 물어볼 거예요? 다음과 같이 이야기해 보세요.

1) 수업 시간에 책을 안 가져왔어요. [친구에게] → 책을 같이 봐도 돼요?

2) 식당에 갔는데 앉고 싶은 자리가 있어요. [점원에게] → ______________?

3) 옷을 사러 갔는데 입어 보고 싶어요. [점원에게] → ______________?

4) 학교에서 몸이 안 좋아요. [선생님께] → ______________?

새 어휘 | 놀이 기구 / 이상 / 이따

문법 2

-(으)면 안 되다

'-(으)면 안 되다' is combined with a verb or an adjective, indicating that a particular behavior or state is prohibited.

해도 괜찮아요!	하면 안 돼요!
음료수를 마셔요.	쓰레기를 버리면 안 돼요.
강아지와 같이 산책해요.	큰 소리로 노래하면 안 돼요.
자전거를 타요.	음식을 만들면 안 돼요.

1. Read the park guide above and complete the conversations as follows.
위의 공원 안내문을 보고 대화를 완성해 보세요.

공원에서 음료수를 마셔도 돼요?
네. 마셔도 돼요.

쓰레기를 버려도 돼요?
아니요. 쓰레기를 버리면 안 돼요.

1) 가: 강아지와 같이 산책해도 돼요?
   나: 네. ....

2) 가: 음식을 만들어도 돼요?
   나: 아니요. ....

3) 가: 자전거를 타도 돼요?
   나: 네. ....

4) 가: 큰 소리로 노래를 들어도 돼요?
   나: 아니요. ....

2. What behaviors are not allowed in Korea?
What behaviors are not allowed in your country? Talk as follows.
한국에서는 무엇을 하면 안 돼요? 여러분 나라에서는 무엇을 하면 안 돼요? 다음과 같이 이야기해 보세요.

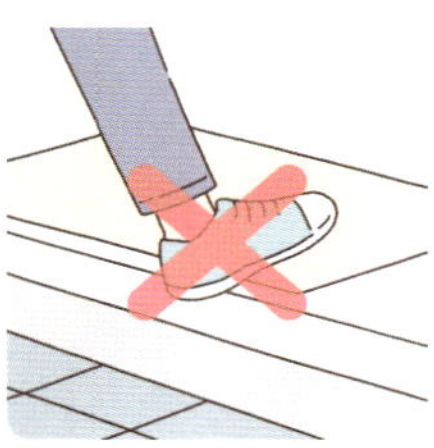

한국에서는 신발을 신고 방에 들어가면 안 돼요.

한국에서는 그릇을 들고 먹으면 안 돼요.

활동 1

도서관 방문

1. Do you often go to libraries? Mari and Juno arrive at the front of the library and talk. What are they talking about?

02

여러분은 도서관에 자주 가요? 마리 씨와 주노 씨가 도서관 앞에 도착해서 이야기해요. 두 사람은 무슨 이야기를 할까요?

마리: 주노 씨, 여기에서 노트북을 사용해도 돼요?
저는 이 도서관에 처음 와서요.

주노: 네. 써도 돼요. 그런데 조용히 사용해야 돼요.

마리: 알겠어요. 여기에서 음료수를 마셔도 돼요?

주노: 1층에서는 음료수를 마시면 안 돼요.

마리: 다른 층은 괜찮아요?

주노: 네. 2층에 음료수를 마시면서 책을 보는 곳이 있어요.

1) 도서관에서 노트북을 사용할 수 있어요?

2) 도서관에서 음료수를 마실 수 있는 곳은 어디예요?

2. What behaviors are allowed and not allowed in the following places? Talk with a partner as follows and give a presentation.

다음 장소에서는 무엇을 해도 되고 무엇을 하면 안 돼요? 다음과 같이 친구와 이야기하고 발표해 보세요.

교실에서는 노트북을 사용해도 돼요. 그리고 선생님께 질문을 많이 해도 돼요. 하지만 음식을 먹으면 안 되고 뛰면 안 돼요.

	장소	해도 돼요!	하면 안 돼요!
1)	교실	• 노트북을 사용해도 돼요. • 선생님께 질문해도 돼요.	• 음식을 먹으면 안 돼요. • 뛰면 안 돼요.
2)	도서관	• •	• •
3)	박물관	• •	• •
4)	버스 안	• •	• •
5)		• •	• •

새 어휘 | 조용히 / 사용하다 / 뛰다

활동 2

공공장소의 규칙

1. What kind of notice can you see in the building that you're in right now? What does the notice in Sejong Building say?
여러분이 있는 빌딩에서는 어떤 안내문을 볼 수 있어요? 세종 빌딩에 있는 안내문에는 무슨 내용이 있을까요?

우리 깨끗하고 편안한 빌딩을 만들어요!

안녕하세요? 관리실입니다. 우리 빌딩은 여러 사무실과 가게가 같이 사용합니다. 깨끗하고 편안한 빌딩을 함께 만들어요!

· 빌딩 계단과 엘리베이터, 화장실을 깨끗이 사용하세요.
· 입구 근처에서 담배를 피우면 안 됩니다.
· 지하 주차장에 차가 많으면 빌딩 앞쪽 주차장에 주차해도 됩니다.

감사합니다.

\- 세종 빌딩 관리실.

1) 세종 빌딩에서는 무엇을 조심해야 해요?

2) 여러분이 본 안내문에는 어떤 내용이 있었어요? 이야기해 보세요.

2. You want to write a guideline on what you should and shouldn't do at a particular place. Choose a place and write a guideline as follows. Then post it on your social media.
여러분은 어떤 장소에서 해도 되는 일과 하면 안 되는 일을 안내하고 싶어요. 장소를 골라서 다음과 같이 쓰고 에스엔에스(SNS)에도 올려 보세요.

세종학당 | 아파트 | 공원 | 교실 | ?

장소: 세종학당
내용: 지각하지 마세요. 책이 없으면 안 돼요. 복습을 꼭 하세요.

장소:

내용:

새 어휘 | 편안하다 / 빌딩 / 관리실 / 계단 / 깨끗이 / 입구 / 복습

어휘와 표현

규칙을 잘 지키다 / 줄을 서서 기다리다 / 버스에 천천히 타다 / 안전선을 넘다 / 큰 소리로 노래를 듣다 / 다른 사람을 밀다 / 여기저기 뛰어다니다 / 시끄럽게 통화하다 / 쓰레기를 버리다

문법

-아도/어도 되다

여기에서 음료수를 마셔도 돼요.

-(으)면 안 되다

여기에 쓰레기를 버리면 안 돼요.

자기 점검

1. **Can you talk about what you should and shouldn't do?**
   해도 되는 것과 하면 안 되는 것을 말할 수 있어요?

2. **Can you talk about proper etiquette in public places?**
   공공장소에서 지켜야 하는 예절을 말할 수 있어요?

I heard about her from Mari

마리 씨한테서 그 친구 이야기를 들었어요

Let's talk about personalities.

다른 사람의 성격을 말할 수 있어요.

S 2B

7

As people have different personalities,
they behave differently,
even under the same circumstances.
Is it also true for the people in the picture?

사람들은 모두 성격이 달라서
똑같은 상황에서도 하는 행동이 모두 달라요.
그림에 있는 사람들은 어때요?

What do you prefer? Check (√) what you like.
Do you and your classmates have similar tastes?
Talk about it.

여러분은 무엇을 더 좋아해요?
√ 표시를 해 보세요. 친구들과 좋아하는 것이 비슷해요?
이야기해 보세요.

1) □ 친구를 만나는 것 □ 혼자 있는 것

2) □ 친구와 이야기하는 것 □ 조용히 있는 것

3) □ 운동하는 것 □ 책을 읽는 것

4) □ 밖에서 활동하는 것 □ 안에서 활동하는 것

성격

1. How do you describe your personality? Check (√) the words describing your personality. Then listen and repeat. 01

여러분은 어떤 성격이에요? 모두 √ 표시를 해 보세요. 그리고 듣고 따라 해 보세요.

□ 성격이 좋다	□ 성격이 급하다	□ 성격이 밝다	□ 착하다	□ 재미있다
□ 말이 많다	□ 말이 적다	□ 부지런하다	□ 게으르다	□ 활발하다

2. Match the appropriate expressions as follows. 다음과 같이 알맞은 것을 연결해 보세요.

1) 착해요. •	• 일을 빨리빨리 해요. 잘 못 기다려요.
2) 활발해요. •	• 다른 사람을 잘 도와줘요.
3) 부지런해요. •	• 일하는 것을 싫어하고 천천히 해요.
4) 성격이 급해요. •	• 오늘 할 일을 오늘 꼭 해요.
5) 게을러요. •	• 밝고 여러 가지 일을 많이 해요.

3. How do you describe your friends' personalities? Talk as follows.

여러분 친구들의 성격은 어때요? 다음과 같이 이야기해 보세요.

제 친구는 정말 착해요. 항상 저를 많이 도와줘요.

제 친구는 말이 좀 많지만 아주 재미있어요.

제 친구는 말이 너무 없어요. 조용한 사람이에요.

제 친구는 성격이 좋아요. 다른 사람에게 화를 잘 안 내요.

문법
1

에게서, 한테서, 께

'에게서/한테서/께' attaches to a noun, indicating the subject who initiates a certain action.
'한테서' is generally used in spoken language and '께' is used to refer to a person respectfully.

마리 씨에게서 전화를 받았어요.

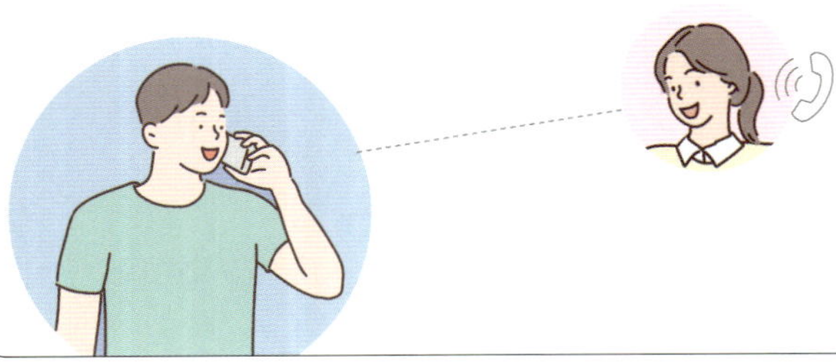

할머니께 선물을 받았어요.

1. Complete the sentences as follows. 다음과 같이 문장을 완성해 보세요.

안나 씨는 마리 씨에게서 축하 편지를 받았어요.

(마리 씨)

재민 씨는 할아버지께 고향 이야기를 많이 들었어요.

(할아버지)

1) 저는 ………………………… 한국 요리를 배웠어요. (한국 친구)

2) 저는 ………………………… 여행 이야기를 들었어요. (동생)

3) 저는 ………………………… 생일 선물을 받았어요. (아버지)

4) 저는 ………………………… 한국어를 배웠어요. (선생님)

5) 저는 ………………………… 어릴 때 이야기를 들었어요. (어머니)

---

2. Talk with a partner as follows. 다음과 같이 친구와 이야기해 보세요.

지난 생일에 누구한테서 무슨 선물을 받았어요?

친구한테서 화장품을 받았어요.

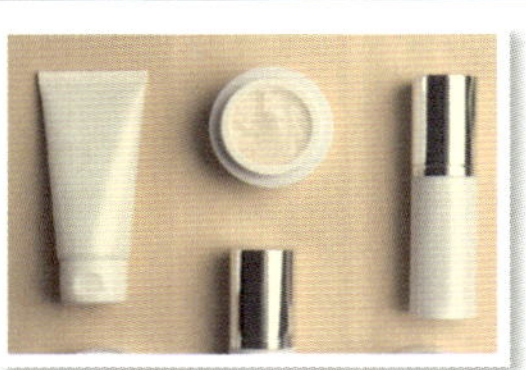

1) 학교 졸업식 때 누구한테서 무슨 선물을 받았어요?

2) 누구한테서 한국에 대한 이야기를 가장 많이 들었어요?

3) 가장 최근에 누구한테서 택배를 받았어요?

4) 오늘 누구한테서 에스엔에스(SNS) 메시지를 받았어요?

새 어휘 | 어리다 / 택배

문법 2

-(으)니까

'-(으)니까' is combined with a verb, indicating that the following fact is being revealed as a result of the preceding action.

상자를 여니까 안에 선물이 있었어요.

1. Complete the sentences as follows.

다음과 같이 문장을 완성해 보세요.

집에 가니까 손님이 계셨어요.

(가다)

1) 카페에 ______________ 친구가 기다리고 있었어요. (도착하다)

2) 일을 ______________ 벌써 밤 9시였어요. (끝내다)

3) 오랜만에 고향에 ______________ 동네가 많이 바뀌었어요. (돌아가다)

4) 아까 유진 씨를 ______________ 화난 것 같았어요. (보다)

2. Match the appropriate expressions and complete the sentences.

다음과 같이 알맞은 것을 연결하고 문장을 완성해 보세요.

1) 백화점에 가다 •	• 강아지가 옆에서 자고 있었어요.
2) 창문 밖을 보다 •	• 세일 기간이었어요.
3) 아침에 일어나다 •	• 비가 오고 있었어요.
4) 식당에 들어가다 •	• 어려운 단어가 많이 나왔어요.
5) 한국 노래를 듣다 •	• 맛있는 냄새가 났어요.
6) 친구에게 전화하다 •	• 집에 있었어요.

↓

1) 백화점에 가니까 세일 기간이었어요 .

2) ______________ .

3) ______________ .

4) ______________ .

5) ______________ .

6) 친구에게 전화하니까 ______________ .

새 어휘 | 상자 / 동네 / 바뀌다 / 화나다 / 세일 기간 / 냄새

활동 1

새로 온 학생

1. Do you remember when you met your classmates at the King Sejong Institute for the first time? Juno and Anna are talking about a new student in the neighboring classroom. What do they say?

02

여러분은 세종학당 친구들과 처음 만났을 때를 기억해요? 주노 씨와 안나 씨가 옆 반에 새로 온 학생에 대해 이야기해요. 무슨 이야기를 할까요?

주노: 안나 씨, 옆 반에 새로운 학생이 왔어요.

안나: 네. 알아요. 마리 씨한테서 그 친구 이야기를 들었어요.

주노: 마리 씨한테서요?

안나: 그 사람이 마리 씨 친구예요.
보니까 재미있는 사람인 것 같았어요.

주노: 저도 수업 끝나고 소개 좀 해 주세요.

안나: 좋아요. 같이 가요.

1) 안나 씨는 옆 반에 새로 온 학생을 어떻게 만났어요?

2) 옆 반에 새로 온 학생은 어떤 사람인 것 같아요?

2. Talk with a partner as follows. 다음과 같이 친구와 이야기해 보세요.

유진 씨, 옆 반에 새로운 학생이 왔어요.

네. 알아요. 마리 씨한테서 듣고 이미 만났어요.

그 사람은 어떤 사람이에요?

보니까 재미있는 사람인 것 같아요.

1)	2)	3)
옆 반에 새로운 학생이 오다	옆집에 누가 이사 오다	
마리 씨	형/오빠	
보다	만나다	
재미있는 사람	말이 많은 사람	

발음

Long sentences should be read with pauses.
Pay attention to the pause marks (V).

Listen and repeat.

- 마리 씨한테서 듣고 **V** 이미 만났어요.
- 저도 **V** 수업 끝나고 **V** 소개 좀 해 주세요.

새 어휘 | 이미 / 옆집

성격 테스트

1. Have you ever taken a personality test? This is a personality test based on one's drawings. What types of personalities are there?
'성격 테스트'를 해 본 적이 있어요? 그림으로 성격을 알아볼 수 있는 성격 테스트가 있어요. 어떤 성격이 있을까요?

두 그림은 서로 다른 것이 4개 있습니다. 잘 찾아보세요.

모두 찾았습니까? 여러분은 무엇을 제일 먼저 찾았습니까?

귀 다른 사람들이 생각하지 못하는 아이디어가 많습니다.
말이 없는 사람이지만 인기가 많습니다.

꽃 활발한 성격이고 재미있는 활동을 많이 합니다.
좋아하는 일을 할 때는 아주 열심히 합니다.

새 다른 사람이 볼 때 조금 게으를 수 있지만 사실 열심히 일하는 사람입니다.
갑자기 약속을 바꾸면 싫어합니다.

해 시간이 오래 걸리는 일도 끝까지 하는 부지런한 사람입니다.
좋은 친구가 많이 있습니다.

1) 여러분은 무엇을 제일 먼저 찾았어요? 여러분의 성격과 잘 맞는 것 같아요?

2) 여러분은 반에서 누구와 성격이 제일 비슷해요? 어떤 점이 비슷해요?

2. Write a description of your best friend. Can you describe your best friend's personality? What does your friend like? 여러분의 제일 친한 친구를 소개하는 글을 써 보세요. 어떤 성격이에요? 무엇을 좋아해요?

새 어휘 | 서로 / 아이디어 / 새 / 사실 / 갑자기 / 해

어휘와 표현

성격이 좋다 / 성격이 급하다 / 성격이 밝다 / 착하다 / 재미있다 / 말이 많다 / 말이 적다 / 부지런하다 / 게으르다 / 활발하다

문법

에게서, 한테서, 께
마리 씨에게서 전화를 받았어요.

-(으)니까
상자를 여니까 안에 선물이 있었어요.

자기 점검

1. Can you talk about your personality?
   자신의 성격을 말할 수 있어요?

2. Can you talk about other people's personalities?
   다른 사람의 성격을 말할 수 있어요?

I used to have long hair when I was younger, but now I find short hair more comfortable

어렸을 때는 머리가 길었는데 지금은 짧은 머리가 편해요

Let's talk about how our appearances have changed since childhood.

어릴 때와 달라진 외모를 말할 수 있어요.

S 2B 8

Who does Mari look like in the picture?
Who do you resemble
among your family members?

그림에서 마리 씨는 누구를 닮았어요?
여러분은 가족 중에서 누구를 닮았어요?

Have your looks stayed the same
since childhood?
Or have they changed a lot?

여러분은 어렸을 때와 지금 외모가 비슷해요?
아니면 많이 바뀌었어요?

외모

1. These are expressions for describing appearances. Check (√) the expressions you know. Then listen and repeat.

01

외모를 설명할 때 사용할 수 있는 표현이에요. 여러분이 아는 어휘에 √ 표시를 해 보세요. 그리고 듣고 따라 해 보세요.

얼굴	□ 예쁘다	□ 멋있다	□ 귀엽다	□ 잘생기다
몸	□ 마르다	□ 날씬하다	□ 통통하다	
키	□ 키가 크다	□ 키가 보통이다	□ 키가 작다	
머리 길이	□ 머리가 길다	□ 머리가 짧다		

2. What did these people look like when they were younger? Write and talk about it as follows.

이 사람들의 어렸을 때 외모는 어땠어요? 다음과 같이 쓰고 이야기해 보세요.

1) 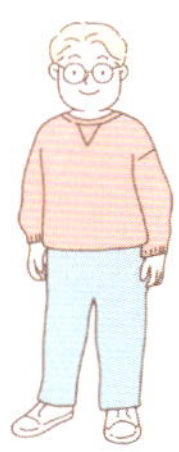

여섯 살
유진

유진은 귀엽고 통통했어요.

눈이 크고 안경을 썼어요.

키는 보통이었어요.

2) 

여섯 살
안나

3) 

여섯 살
마리

3. What did you and your friend look like when you were younger? Talk as follows.

여러분과 여러분 친구의 어렸을 때 모습은 어땠어요? 다음과 같이 이야기해 보세요.

저는 키가 크고 날씬했어요.

제 친구는 아주 귀엽고 키가 작았어요.

저는 조금 통통했어요.

제 친구는 머리가 항상 길었어요.

문법 1

-는데/(으)ㄴ데

'-는데/(으)ㄴ데' is combined with a verb or an adjective, indicating that a different situation or result will follow the preceding topic.

형은 키가 큰데 동생은 키가 작아요.

1. Look at the pictures and complete the sentences. 다음 그림을 보고 문장을 완성해 보세요.

재민 씨 형은 키가 큰데 동생은 키가 작아요.

1) 

이 가방은 ______________________ 저 가방은 싸요.

2) 

이 공원은 낮에는 사람이 ______________________ 밤에는 적어요.

3) 

저는 텔레비전을 ______________________ 동생은 숙제를 해요.

4) 

저는 매운 음식을 잘 ______________________ 친구는 못 먹어요.

2. What has changed since you were younger? Write and talk about it as follows.

어렸을 때와 지금 무엇이 바뀌었어요? 다음과 같이 쓰고 이야기해 보세요.

어렸을 때는 초콜릿을 좋아했는데 지금은 안 좋아해요.

어렸을 때는 노래방에 많이 갔는데 요즘은 자주 안 가요.

____.

____.

새 어휘 | 초콜릿

문법
2

밖에

'밖에' attaches to a noun, indicating that there is no possibility for other choices. It is always followed by negative expressions, such as '없다', '모르다', '안' and '-지 않다.'

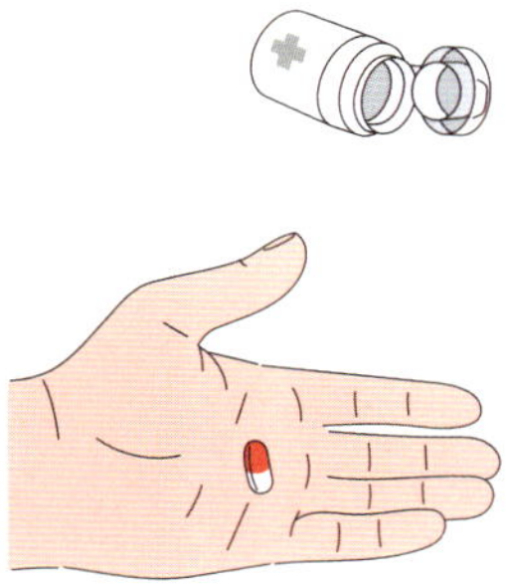

가: 약이 하나밖에 없어요.
나: 오늘 사러 가요.

1. Complete the conversations as follows. 다음과 같이 대화를 완성해 보세요.

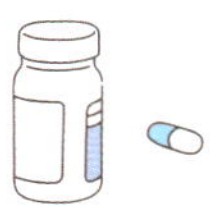

어, 비타민이 하나밖에 없어요.

(하나)

오늘 같이 사러 가요.

1) 가: 약속 시간이 얼마나 남았어요?
   나: .... 안 남았어요. 빨리 갑시다. (15분)

2) 가: 사람들이 많이 도착했어요?
   나: 아니요. 아직 .... 없어요. (세 명)

3) 가: 생일 선물 많이 받았어요?
   나: 아니요. .... 못 받았어요. (한 개)

4) 가: 안나 씨, 혹시 빨간색 펜 있어요?
   나: 아니요. .... 없어요. (파란색 펜)

5) 가: 이번에도 운동화를 샀어요?
   나: 네. 저는 .... 안 신어요. 편하니까요. (운동화)

2. What are you most interested in these days? Talk as follows.

여러분은 요즘 무엇에 가장 관심이 있어요? 다음과 같이 이야기해 보세요.

저는 요즘 불고기밖에 안 먹어요.

저는 배우 김민수 씨밖에 몰라요.

저는 요즘 케이팝(K-POP)밖에 관심이 없어요.

저는 여자 친구밖에 몰라요.

저는 한국 친구가 두 명밖에 없어요.

새 어휘 | 비타민 / 남다 / 관심

활동 1

어렸을 때 모습

1. What were you like as a child? Eugene and Sujie are looking at a photo and talking. What do they say?

02

여러분은 어렸을 때 어땠어요? 유진 씨와 수지 씨가 사진을 보면서 이야기해요. 무슨 이야기를 할까요?

유진: 이거 무슨 사진이에요? 이 아이가 수지 씨예요?

수지: 네. 어렸을 때 오빠하고 찍은 사진이에요.

유진: 정말 귀여워요. 그때는 머리가 길었네요.

수지: 네. 어렸을 때는 머리가 길었는데 지금은 짧은 머리가 편해요.

유진: 두 사람 얼굴이 아주 밝아요. 오빠하고 친했어요?

수지: 그럼요. 그때는 오빠밖에 몰랐어요. 항상 오빠랑 같이 다녔어요.

1) 수지 씨는 어렸을 때 어떤 모습이었어요?

2) 수지 씨는 어렸을 때와 지금 모습이 비슷해요?

2. Talk with a partner as follows.

다음과 같이 친구와 이야기해 보세요.

저는 어렸을 때는 키가 작고 말랐는데 지금은 보통이에요. 어렸을 때는 항상 머리가 길었는데 지금은 짧은 머리가 편해요. 전에는 고기를 아주 좋아했는데 지금은 고기보다 채소나 과일을 더 좋아해요. 그리고 옛날에는 만화책밖에 몰랐는데 지금은 소설책을 많이 읽어요.

		1)	2)
외모	어렸을 때	• 키가 작고 말랐다. • 머리가 길었다.	
	지금	• 키가 보통이다. • 머리가 짧다.	
좋아하는 것	어렸을 때	• 고기를 아주 좋아했다. • 만화책밖에 몰랐다.	
	지금	• 채소나 과일을 더 좋아한다. • 소설책을 좋아한다.	

새 어휘 | 그때 / 모습

활동 2

주노 씨의 형

1. How many brothers and sisters do you have? Juno introduced his brother in this writing. What did he write? Look at the pictures and guess what he wrote.

여러분은 형제가 몇 명이에요? 주노 씨는 형을 소개하는 글을 썼어요. 무슨 내용일까요?
먼저 그림을 보고 생각해 보세요.

저는 형이 한 명 있습니다. 저와 형은 어렸을 때 축구밖에 모르는 아이들이었습니다. 수업이 끝나면 하루 종일 축구장에 있었습니다. 우리는 커서 축구 선수가 되고 싶었습니다. 하지만 형은 화가가 되었고 저는 회사원이 되었습니다. 어렸을 때 형은 항상 저보다 컸습니다. 저는 어렸을 때 키가 작고 통통했는데 지금은 형보다 크고 날씬합니다. 저는 지금도 가끔 축구를 하러 가는데 형은 그림밖에 모릅니다.

1) 두 사람은 어렸을 때 무엇이 되고 싶었어요? 지금은 무슨 일을 해요?

2) 여러분은 어렸을 때 무엇이 되고 싶었어요? 이야기해 보세요.

2. Write about your childhood dreams and your current job. Give a presentation.

여러분의 어렸을 때 꿈과 지금 하는 일에 대해서 글을 써 보세요. 그리고 발표해 보세요.

새 어휘 | 하루 종일 / 축구장 / 축구 선수 / 화가

어휘와 표현

예쁘다 / 멋있다 / 귀엽다 / 잘생기다 / 마르다 / 날씬하다 / 통통하다 / 키가 크다 / 키가 보통이다 / 키가 작다 / 머리가 길다 / 머리가 짧다

문법

-는데/(으)ㄴ데

형은 키가 큰데 동생은 키가 작아요.

밖에

비타민이 하나밖에 없어요.

자기 점검

1. **Can you describe other people's appearances?**
   다른 사람의 모습을 말할 수 있어요?

2. **Can you talk about how your appearance has changed over the years?**
   어릴 때와 지금의 외모를 비교해서 말할 수 있어요?

I want to meet someone like that, too!

저도 그런 사람을 만나고 싶은데요!

Let's talk about someone you would like to meet.

만나고 싶은 사람에 대해 말할 수 있어요.

S 2B 9

Is there anyone
you would like to meet?
Who would you like to meet?

여러분은 만나고 싶은 사람이 있어요?
누구를 만나고 싶어요?

Who is your favorite singer, actor, or athlete?
Why do you like him/her?
Talk as follows.

여러분이 가장 좋아하는 가수나 배우, 운동선수는 누구예요?
여러분은 그 사람을 왜 좋아해요?
다음과 같이 이야기해 보세요.

노래를
(연기를/운동을) 잘해요.

성격이 좋은 것 같아요.
일을 열심히 해요.

인기가 많아요.
좋은 일을 많이 해요.

웃는 얼굴이 예뻐요.

인물의 특징

1. What kind of person are you interested in? Check (√) three characteristics you think are important and talk about them. Then listen and repeat.
여러분은 어떤 사람에게 관심이 있어요? 가장 관심이 있는 것 3개에 √ 표시를 하고 이야기해 보세요. 그리고 듣고 따라 해 보세요.

01

☐ 성격이 편안하다	☐ 잘 웃다	☐ 생각이 깊다
☐ 성격이 비슷하다	☐ 취미가 비슷하다	☐ 말이 잘 통하다
☐ 마음이 따뜻하다	☐ 마음이 넓다	☐ 마음이 잘 맞다

2. Match the appropriate expressions as follows.
다음과 같이 알맞은 것을 연결해 보세요.

1) 말이 잘 통해요. •	• 다른 사람이 잘못한 것을 잘 이해해요.
2) 취미가 비슷해요. •	• 두 사람이 생각하는 것이 비슷해요.
3) 마음이 넓어요. •	• 두 사람이 대화할 때 편하고 잘 맞아요.
4) 생각이 깊어요. •	• 두 사람이 좋아하는 일이 비슷해요.
5) 마음이 잘 맞아요. •	• 무슨 일을 하기 전에 많이 생각해요.

3. What kind of friend do you want to be? Talk as follows.
여러분은 친구들에게 어떤 사람이 되고 싶어요? 다음과 같이 이야기해 보세요.

저는 친구들에게 마음이 따뜻하고 편안한 사람이 되고 싶어요. 그리고 말이 잘 통하는 사람이 되어서 친구와 이야기를 많이 할 거예요.

문법 1 -기 때문에

'-기 때문에' is combined with a verb or an adjective, indicating the reason or cause of something. It can come after a noun like '시험 때문에' or it can be used at the end of a sentence like '-기 때문이다.'

지금은 그 핸드폰이 나오지 않기 때문에 고칠 수 없습니다.

1. Complete the conversations as follows.
다음과 같이 대화를 완성해 보세요.

핸드폰이 고장 났어요. 고칠 수 있을까요?

손님, 죄송합니다. 지금은 그 핸드폰이 나오지 않기 때문에 고칠 수 없습니다.

(나오지 않다)

1) 가: 내일 5시에 예약할 수 있어요?
   나: 죄송합니다. 내일 저희 식당이 문을 .... 예약이 안 됩니다. (닫다)

2) 가: 기숙사는 많은 사람이 같이 .... 규칙이 많아요. (살다)
   나: 네. 선생님. 잘 확인하겠습니다.

3) 가: 여기 병원이 몇 층에 있어요?
   나: 3층입니다. 그런데 지금은 .... 2시 이후에 가셔야 합니다. (점심시간이다)

2. Complete the sentences as follows. 다음과 같이 문장을 완성해 보세요.

저는 잠이 많기 때문에

저는 잠이 많기 때문에 아침에 늦게 일어나요.

저는 잠이 많기 때문에 알람 시계가 많이 필요해요.

1) 요즘 사람들은 스트레스를 많이 받기 때문에
....

2) 내일 친구의 생일이기 때문에
....

3) 저는 감기 때문에
....

4) 어제 비가 많이 왔기 때문에
....

새 어휘 | 고장 나다 / 저희 / 기숙사 / 이후 / 알람 시계

문법 2

-는데요/(으)ㄴ데요

'-는데요/(으)ㄴ데요' is combined with a verb or an adjective to express exclamation about a certain matter. An exclamation mark (!) is used for emphasis.

이번 노래도 정말 좋은데요!

1. Complete the conversations as follows.

다음과 같이 대화를 완성해 보세요.

손님, 음식 맛이 어떠세요?

정말 맛있는데요!

(맛있다)

1) 가: 이 원피스가 어때요? 잘 어울려요?
나: 네. 마리 씨에게 정말 잘 ______________! (어울리다)

2) 가: 손님, 이 신발은 어떠세요?
나: 가격이 너무 ______________. 좀 싼 것은 없어요? (비싸다)

3) 가: 사무실이 정말 ______________! (깨끗하다)
나: 그렇죠? 오늘은 모두 같이 청소했어요.

4) 가: 다음 주에 시험이 있으니까 오늘부터 준비할 거예요.
나: 벌써요? 빨리 ______________! (시작하다)

2. Look at the pictures and circle (○) the appropriate words. Then talk as follows.

그림을 보고 알맞은 단어를 골라 ○ 표시를 하고 이야기해 보세요.

오늘 날씨가 너무 더운데요.

(덥다) / 춥다 / 시원하다)

1)  안나 씨가 매운 음식을 잘 ______________. (먹다 / 마시다 / 보다)

2)  하늘이 아주 ______________! (크다 / 많다 / 아름답다)

3)  주노 씨가 선물을 많이 ______________. (받다 / 주다 / 있다)

3. Tell your classmates about things you did well or something special that happened today. Talk as follows.

다음과 같이 반 친구들에게 오늘 잘한 것이나 특별한 것을 이야기해 보세요.

주노 씨, 오늘 옷이 정말 멋있는데요.

안나 씨, 오늘 한국어 발음이 좋은데요.

새 어휘 | 하늘 / 발음

활동 1

만나고 싶은 사람

1. Is there anyone you would like to meet? Anna and Sujie are talking about someone they would like to meet. What do they say? 02

여러분은 만나고 싶은 사람이 있어요? 안나 씨와 수지 씨가 만나고 싶은 사람에 대해 이야기해요. 무슨 이야기를 할까요?

안나: 수지 씨, 우리 언니가 이번 9월에 결혼해요.

수지: 정말요? 잘됐네요. 저도 빨리 좋은 사람을 만나고 싶어요.

안나: 어떤 사람을 만나고 싶어요?

수지: 저는 취미 생활이 중요하기 때문에 취미가 비슷한 사람을 만나고 싶어요. 쉬는 날 같이 사진을 찍으러 다니고 싶어요.

안나: 와, 멋진데요! 저도 그런 사람을 만나고 싶어요!

1) 수지 씨는 취미가 뭐예요?

2) 수지 씨는 어떤 사람을 만나고 싶어 해요?

2. What kind of person would you like to meet? Talk with a partner as follows.

여러분은 어떤 사람을 만나고 싶어요? 다음과 같이 친구와 이야기해 보세요.

저는 취미 생활이 중요하기 때문에 취미가 비슷한 사람을 만나고 싶어요. 그 사람하고 쉬는 날 함께 취미 생활을 하고 싶어요.

	중요한 것	만나고 싶은 사람	하고 싶은 것
1)	취미 생활	취미가 비슷한 사람	그 사람하고 쉬는 날 함께 취미 생활을 하고 싶다
2)	성격	마음이 넓은 사람	그 사람하고 싸우지 않고 잘 지내고 싶다
3)	생각	생각이 깊은 사람	그 사람하고 많은 이야기를 하고 싶다
4)	직업	직업이 비슷한 사람	좋아하는 사람과 같이 일하고 싶다
5)			

발음

결혼
[결혼]

'ㅎ' can be pronounced weakly when it comes after a syllable that ends with 'ㄴ', 'ㄹ', 'ㅁ' or 'ㅇ.'

Listen and repeat.

- 언니가 9월에 **결혼해요.**
- 저는 오늘 **은행에** 갈 거예요.

새 어휘 | 싸우다

활동 2

마음이 맞는 친구

1. Who do you get along well with? A person who recently met Sujie wrote about her. What did this person write?
여러분과 마음이 잘 맞는 사람은 누구예요? 이 사람은 얼마 전에 만난 수지 씨에 대해 글을 썼어요. 무슨 내용일까요?

저는 마음이 맞는 친구가 별로 없습니다. 그래서 저를 잘 이해하는 친구를 만나고 싶었습니다. 그런데 얼마 전에 유학생 모임에서 수지 씨를 처음 만났습니다. 수지 씨는 다른 사람들과 재미있게 이야기하고 있었습니다. 그런데 혼자 있는 저를 보고 먼저 말을 걸어 주었습니다. 수지 씨는 말을 많이 하지 않는 저를 이해해 주고 기다려 줬습니다.

수지 씨는 마음이 따뜻한 사람인 것 같습니다. 수지 씨와 마음이 잘 맞는 친구가 되고 싶습니다.

1) 이 사람은 수지 씨를 어디에서 처음 만났어요? 수지 씨는 어떤 사람이에요?

2) 여러분은 누구와 마음이 잘 맞아요? 그리고 누구와 말이 잘 통해요?

2. Who would you like to be friends with? Why would you like to be friends with him/her? Write about someone you would like to be friends with as follows.
여러분은 어떤 친구와 사귀고 싶어요? 왜 그런 친구를 사귀고 싶어요? 다음과 같이 사귀고 싶은 친구에 대해서 글을 써 보세요.

저는 말이 잘 통하는 친구를 사귀고 싶어요. 힘든 일이 있을 때 같이 이야기할 수 있기 때문이에요.

새 어휘 | 유학생 / 말을 걸다 / 이해하다

어휘와 표현

성격이 편안하다 / 잘 웃다 / 생각이 깊다 / 성격이 비슷하다 / 취미가 비슷하다 / 말이 잘 통하다 / 마음이 따뜻하다 / 마음이 넓다 / 마음이 잘 맞다

문법

-기 때문에
지금은 그 핸드폰이 나오지 않기 때문에 고칠 수 없습니다.

-는데요 / (으)ㄴ데요
이번 노래도 정말 좋은데요!

자기 점검

1. **Can you talk about other people's characteristics?**
   다른 사람의 특징을 말할 수 있어요?

2. **Can you describe someone you would like to meet?**
   만나고 싶은 사람에 대해 말할 수 있어요?

10

Mountain bikes are a little dangerous

산악자전거는 조금 위험한 편이에요

Let's talk about what we would like to do.

꼭 해 보고 싶은 일을 말할 수 있어요.

S 2B
10

Is there anything
you have always wanted to do
but couldn't?
여러분은 예전부터 꼭 해 보고 싶은데
못 한 일이 있어요?

Can you do it right now?
그 일을 지금 바로 할 수 있어요?

네

I'd like to do it right away.
What should I do?

아니요

I can't do it right now.
Why can't I do it right away?

특별한 경험

1. What do you like to do in your spare time? Listen and repeat.
여러분은 시간이 있을 때 뭘 하는 것을 좋아해요? 듣고 따라 해 보세요.

01

전통 놀이 방송국	다른 나라 유명한 장소	맛집 예쁜 카페	여러 나라의 동전 좋아하는 만화책
을/를 체험하다	을/를 방문하다	을/를 찾아가다	을/를 모으다

2. What kinds of special experiences would you like to have? Check (√) everything you want to experience. 여러분은 어떤 특별한 경험을 하고 싶어요? 모두 √ 표시를 해 보세요.

□ 해외여행을 하다

□ 산악자전거를 타다

□ 악기를 만들다

□ 전통 춤을 배우다

□ 전통 요리를 배우다

□ 연기를 배우다

□ 새벽 운동을 시작하다

□ 나만의 책을 만들다

□ ....

3. You are going to introduce something special to your friend. Look at the pictures and complete the conversations. 친구에게 특별한 일을 소개할 거예요. 그림을 보고 대화를 완성해 보세요.

계속 일만 하니까 특별한 것을 해 보고 싶어요.

해외여행을 해 보는 게 어때요?

1) 
가: 자전거를 좋아하는데 새로운 것을 해 보고 싶어요.
나: .... 타 보세요. 재미있을 거예요.

2) 
가: 저는 전에 배우가 되고 싶었어요.
나: .... 배워 보세요. 취미로 할 수 있어요.

3) 
가: 인터넷에 소설을 써 보고 싶어요.
나: 좋은데요! .... 만드는 사람도 있어요.

문법 1

-는/(으)ㄴ 편이다

'-는/(으)ㄴ 편이다' is combined with a verb or an adjective, indicating that it is close or connected to a certain fact.

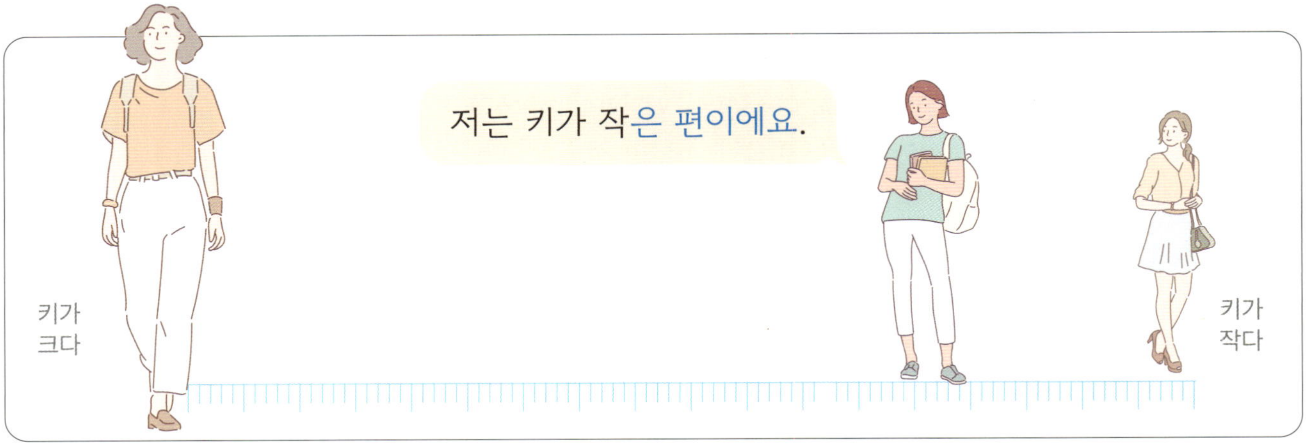

1. Look at the pictures and complete the sentences. 그림을 보고 문장을 완성해 보세요.

저는 요리하는 것을 좋아하는 편이에요.

(좋아하다)

1)  제 친구는 농구를 ______________. (잘하다)

2)  제 방은 ______________. (깨끗하다)

3)  저는 일 때문에 다른 나라를 자주 ______________
______________. (방문하다)

4)  동생은 성격이 ______________
______________. (활발하다)

2. Talk as follows.

다음과 같이 이야기해 보세요.

키가 큰 편이에요?

네. 큰 편이에요.

아니요. 작은 편이에요.

(크다 / 작다)

1) 오늘 날씨가 ______________? (맑다 / 흐리다)

2) 운동을 ______________? (잘하다 / 못하다)

3) 매운 음식을 ______________? (잘 먹다 / 잘 못 먹다)

4) 음식을 ______________? (잘 만들다 / 못 만들다)

3. What are you good at? Talk about it. 여러분은 무엇을 잘하는 편이에요? 이야기해 보세요.

문법 2

-게

'-게' is combined with a verb or an adjective, indicating the purpose or result of the following action. It is used when the speaker performs a particular action to achieve a goal or solve the situation mentioned in the former clause.

집에 가져가게 포장해 주세요.

1. Complete the conversations as follows. 다음과 같이 대화를 완성해 보세요.

남은 피자 가져가게 포장해 주세요.
(가져가다)

네. 손님. 알겠습니다.

1) 가: 오늘 등산하러 가는데 날씨가 많이 추워요.
   나: .... 따뜻한 옷을 입으세요. (춥지 않다)

2) 가: 이 떡볶이는 정말 안 매워요.
   나: 네. 아이들도 .... 만들었어요. (먹을 수 있다)

3) 가: 교실이 좀 덥고 답답한 것 같아요.
   나: 바람이 .... 창문을 좀 열까요? (들어오다)

4) 가: 이 소설책 정말 재미있어요. 저도 .... 좀 빌려주세요. (읽다)
   나: 네. 빌려줄게요.

---

2. Complete the sentences as follows. 다음과 같이 문장을 완성해 보세요.

아침에 늦게 일어나지 않게

아침에 늦게 일어나지 않게 일찍 자요.

아침에 늦게 일어나지 않게 알람 시계를 맞춰요.

1) 피곤하지 않게 ....

2) 건강을 지킬 수 있게 ....

3) 한국어를 잘할 수 있게 ....

4) 약속을 잊어버리지 않게 ....

5) .... 조용히 말했어요.

활동 1

더 늦기 전에 해 보고 싶은 일

1. Is there anything you might not be able to do as time passes?
Mari and Jaemin are talking about what they would like to do. What do they say?
시간이 지나면 할 수 없는 일은 무엇일까요? 마리 씨와 재민 씨가 해 보고 싶은 일에 대해 이야기해요. 무슨 이야기를 할까요?

02

마리: 재민 씨, 뭘 보고 있어요?
재민: 산악자전거를 알아보고 있어요. 옛날부터 꼭 타 보고 싶었어요.
마리: 그거 위험하지 않아요?
재민: 조금 위험한 편이에요. 하지만 더 늦으면 못 할 것 같아서요.
마리: 다치지 않게 조심하세요.
재민: 네. 더 늦기 전에 이번에는 꼭 해 보려고요.

1) 재민 씨가 해 보고 싶은 것이 뭐예요?

2) 왜 그 일을 하고 싶어요?

2. Talk with a partner as follows. 다음과 같이 친구와 이야기해 보세요.

저는 옛날부터 산악자전거를 타 보고 싶었어요.
그런데 조금 위험한 편이에요.

다치지 않게 조심하세요.

네. 늦기 전에 이번에는 꼭 해 보려고요.

1)	2)	3)	4)
산악자전거를 타다	연기를 하다	해외여행을 하다	
조금 위험하다	조금 늦었다	돈이 많이 들다	
다치지 않다	더 늦지 않다	할인을 받을 수 있다	
조심하다	빨리 시작하다	잘 알아보다	

새 어휘 | 위험하다 / 돈이 들다 / 할인을 받다

올해 꼭 하고 싶은 일

1. What would you really like to do this year? 1,300 office workers were asked that question. What was the most popular response?
여러분은 올해 무엇을 꼭 하고 싶어요? 회사원 1,300명에게 올해 꼭 하고 싶은 일에 대해 물어봤어요. 무슨 대답이 가장 많을까요?

올해 꼭 하고 싶은 일

(회사원 1,300명 대답)

꼭 해 보고 싶은 일

1위 취미 바꾸기
2위 돈 모으기
3위 다이어트 성공하기
4위 외국어 공부하기
5위 해외여행 가기
6위 남자 친구, 여자 친구 사귀기

그 일을 시작하고 싶어요. 무엇이 가장 필요해요?

1위 시간
2위 돈
3위 노력
4위 친구

1) 회사원이 해 보고 싶어 하는 일은 뭐예요? 어떤 대답이 가장 많았어요?

2) 여러분 나라의 회사원들은 무엇에 관심이 많을까요? 학생들은 어떨까요? 이야기해 보세요.

2. Is there anything you would really like to do this year? Write and talk about it.
여러분은 올해 안에 꼭 하고 싶은 일이 있어요? 쓰고 이야기해 보세요.

♡ 올해 꼭 하고 싶은 일 ♡	☆ 나에게 필요한 것은? ☆
1)	1)
2)	2)
3)	3)

새 어휘 | 올해 / 다이어트 / 성공하다 / 노력 / 위(1위, 2위)

어휘와 표현

체험하다 / 방문하다 / 찾아가다 / 모으다 / 해외여행을 하다 / 산악자전거를 타다 / 악기를 만들다 / 전통 춤을 배우다 / 전통 요리를 배우다 / 연기를 배우다 / 새벽 운동을 시작하다 / 나만의 책을 만들다

문법

-는/(으)ㄴ 편이다

저는 키가 작은 편이에요.

-게

남은 피자 가져가게 포장해 주세요.

자기 점검

1. **Can you talk about special things you can't usually do?**
   평소에 할 수 없는 특별한 일들을 말할 수 있어요?

2. **Can you talk about things you would really like to do?**
   꼭 해 보고 싶은 일을 말할 수 있어요?

어휘와 표현 —— 변화

11

문법 —— -아/어, 에는, 에서는

At first, I was frustrated because there were so many things I didn't know

처음에는 모르는 게 많아서 답답했어

Let's talk about the differences between the past and the present.

달라진 점을 말할 수 있어요.

S	2B
🔊	11

Read these notes
about how to do well at school.
Is there anything you're already doing?

학교생활을 잘하는 방법을 읽어 보세요.
여러분이 하고 있는 것은 뭐예요?

학교생활을 잘하는 방법

1. 동아리 활동을 해요.
2. 에스엔에스(SNS) 활동을 즐겁게 해요.
3. 선배와 친하게 지내요.
4. 게시판을 자주 확인해요.

회사 생활을 잘하는 방법

1. 중요한 것은 메모해요.
2. 컴퓨터를 배워요.
3. 감사 인사를 잘해요.
4. 다른 사람의 작은 장점도 칭찬해요.

Read about how to do well at work.
Is there anything
that you're already doing?

회사 생활을 잘하는 방법을 읽어 보세요.
여러분이 하고 있는 것은 뭐예요?

Take notes about what you have learned
from the above or what you want to learn more about.
Then ask your classmates or a teacher about it.

위의 내용에서 새롭게 알게 된 것, 더 알고 싶은 것을
메모하고 친구나 선생님께 질문해 보세요.

Take notes about what you have learned

Check bulletin boards regularly.

Take notes about what you want to learn more about

What would be the best way to compliment people's strengths?

변화

1. Match the appropriate expressions. 알맞은 것을 연결해 보세요.

답답하다 •	• 학교에 오다가 넘어졌어요. 다른 사람들이 저를 보고 있었어요.
부족하다 •	• 내가 하고 싶은 말을 한국어로 못해요.
부끄럽다 •	• 음식을 5인분 준비했는데 8명이 왔어요.
실수하다 •	• 선생님을 '생선님'이라고 불렀어요.

2. Look at the pictures and choose the appropriate words to complete the sentences.

그림을 보고 알맞은 것을 찾아 써 보세요.

변하다	알아듣다
잘하다	익숙해지다

1) 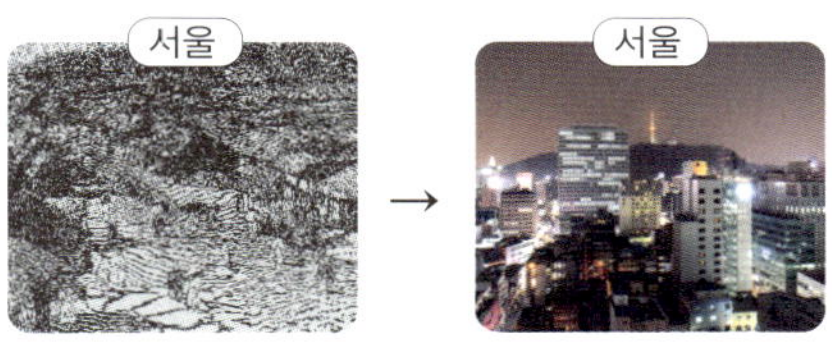

서울이 많이 ______________________.

2) 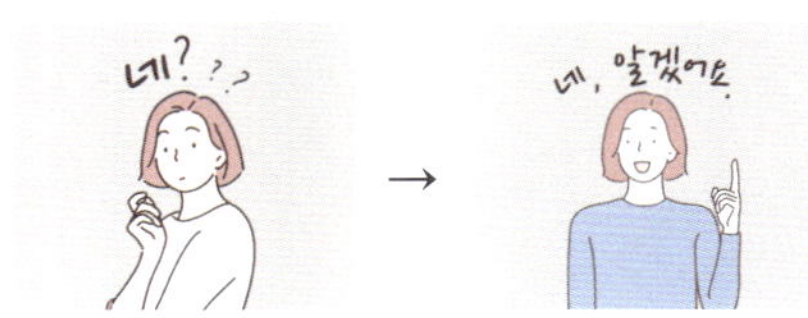

이제는 한국어를 잘 ______________________.

3) 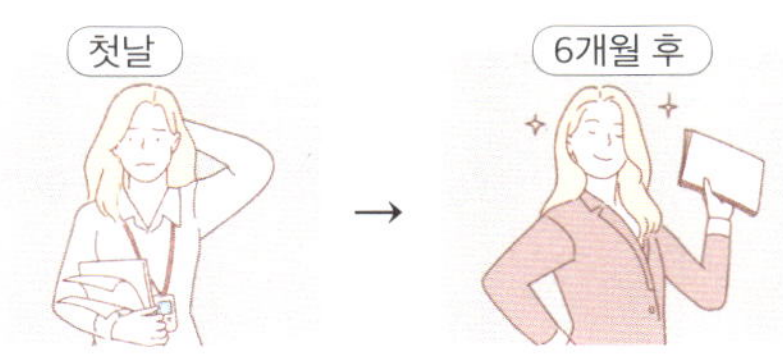

지금은 회사 생활에 많이 ______________________.

4) 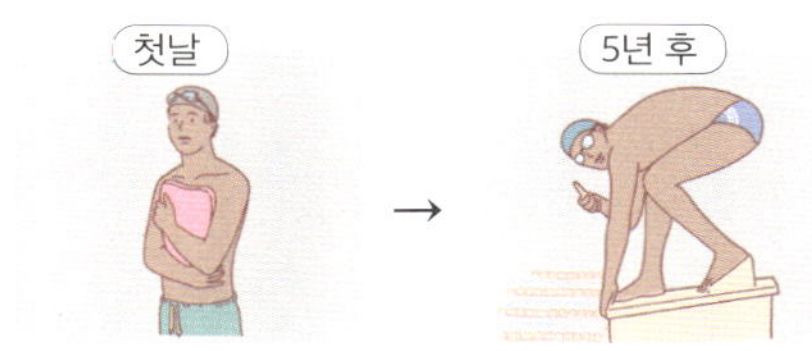

5년 동안 수영을 해서 지금은 수영을 ______________________.

3. Listen carefully and write down what you hear. 잘 듣고 빈칸에 알맞은 말을 써 보세요.

01

1) 차가 많이 막혀서 ______________________.

2) 한국어를 1년밖에 안 배웠는데 정말 ______________________.

3) 회사 생활이 처음엔 힘들었는데 지금은 많이 ______________________.

문법 1

-아/어

'-아/어' is used as an informal speech form of '-아요' or '-어요.' It can be used when talking to younger people, people of a similar age, or close acquaintances. It can be used in informal meetings as well.

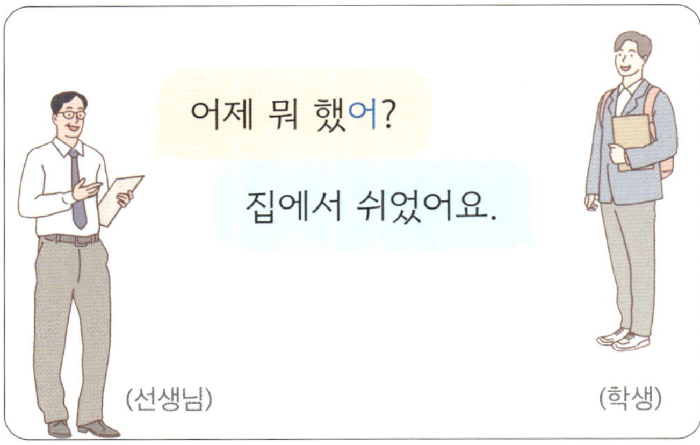

⊕ **Let's learn more**

In informal speech, somewords are changed into informal forms.

저 → 나
네 → 응
아니요 → 아니
수지 씨 → 수지야
재민 씨 → 재민아

1. Complete the conversations using informal speech as follows.

다음과 같이 반말로 대화를 완성해 보세요.

저는 주노라고 해요.

저는 마리라고 해요.
만나서 반가워요.

↓

나는 주노라고 해.

나는 마리라고 해.
만나서 반가워.

1) 가: 민호 씨, 여행은 잘 다녀왔어요?
나: 네. 아주 좋았어요.
→ 가: 민호야, ...?
나: 응. ....

2) 가: 오늘 파티에 갈 사람 있어요?
나: 네. 저도 가려고요.
→ 가: ....?
나: ....

3) 가: 목걸이가 예뻐요. 새로 샀어요?
나: 아니요. 작년 크리스마스에 할머니께서 직접 만들어 주셨어요.
→ 가: ....?
나: ....

4) 가: 지은 씨, 여기에서 노트북을 사용해도 돼요?
나: 네. 사용해도 돼요.
→ 가: ....?
나: ....

2. Rewrite the following conversations using informal forms. 다음 대화를 반말로 바꾸어 보세요.

가: 여기에서 음료수를 마셔도 돼요? → ....?

나: 아니요. 1층에는 음료수를 가지고 들어가면 안 돼요. → ....

가: 다른 층은 괜찮아요? → ....?

나: 네. 2층에 음료수를 마시면서 책을 보는 곳이 있어요. → ....

문법 2

에는, 에서는

'에는/에서는' is a combination of postpositional particles '에/에서' and '는.' It carries the meaning of both particles. It emphasizes a particular time or place when people talk about time or places.

밖에는 사람이 많네요.

여기에서는 사진을 찍으면 안 돼요.

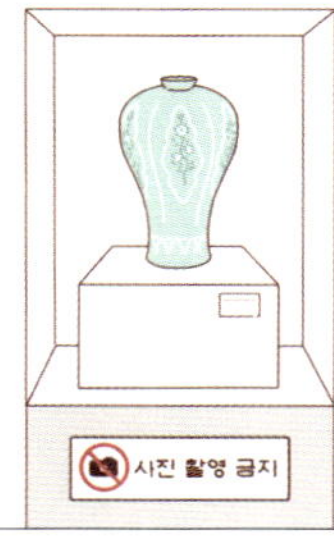

1. Choose the appropriate word and complete the conversations.

알맞은 것을 골라 대화를 완성해 보세요.

에는
에서는

1) 가: 여기에서 밥을 먹어도 돼요?
   나: 아니요. 여기 ______________ 밥을 먹으면 안 돼요.

2) 가: 처음부터 한국어가 쉬웠어요?
   나: 아니요. 처음 ______________ 한국어가 어려웠어요.

3) 가: 주말에도 한국어를 배워요?
   나: 아니요. 주말 ______________ 한국어를 배우지 않아요. 집에서 쉬어요.

4) 가: 여기서 사진을 찍어도 돼요?
   나: 네. 박물관 안 ______________ 사진을 찍으면 안 되지만 밖 ______________ 사진을 찍어도 돼요.

2. Look at the picture and choose the appropriate word. Then write your own ending.

그림을 보고 알맞은 것을 골라 보세요. 그리고 다음 이야기를 이어서 만들어 보세요.

오늘은 제 생일이에요. 저는 동생과 쌍둥이예요. 우리 집(① 에서는 / ② 에만) 생일날 가족이 모여 저녁을 먹어요. 엄마는 저(① 에게는 / ② 에게도) 목걸이를, 동생(① 에게서 / ② 에게는) 지갑을 선물로 주셨어요. 지갑(① 에는 / ② 에도) 돈이 들어 있었어요.

....

....

....

새 어휘 | 쌍둥이 / 생일날

활동 1

나의 변화

1. Has anything changed since you first started learning Korean? Anna and Jaemin are using informal speech to talk about recent changes in their lives. What do they say? 여러분은 처음 한국어를 배울 때와 비교해서 변한 것이 있어요? 안나 씨와 재민 씨가 요즘 자신의 변화에 대해 반말로 이야기해요. 무슨 이야기를 할까요?

02

안나: 재민아, 요즘 회사 생활은 어때?

재민: 처음보다 많이 좋아졌어. 넌, 한국어 배우는 거 어때?

안나: 나도 처음에는 모르는 게 많아서 답답했어. 실수도 많이 하고.

재민: 그랬구나. 학교에서도 한국어를 배워?

안나: 아니. 학교에서는 안 배우고 세종학당에서만 배워.

재민: 와, 그런데 한국어를 작년보다 아주 잘하는 것 같아.

안나: 그래? 고마워.

1) 재민 씨의 회사 생활은 요즘 어때요?

2) 안나 씨는 어디에서 한국어를 배워요?

2. Talk with a partner as follows. 다음과 같이 친구와 이야기해 보세요.

한국어 공부는 어때?

처음엔 실수도 많이 했어.

지금은 잘하는 거 같은데?

응. 지금은 많이 좋아졌어.

1)	2)	3)
한국어 공부	회사 생활	
실수도 많이 하다	부족한 게 많다	
좋아지다	익숙해지다	

발음

학교에서도 한국어를 배워? [↗]

In informal speech, the intonation of interrogative sentences is also raised at the end.

Listen and repeat.

재민: 학교에서도 한국어를 **배워**?

안나: 응.

새 어휘 | 좋아지다

친구들에게 마음을 표현하기

1. You are going to write a letter to your classmates. What would you write?

우리 반 친구들에게 나의 마음을 표현하는 편지를 쓰려고 해요. 어떤 내용을 쓸까요?

마리에게
이번 학기 세종학당에서 만나서 너무 좋았어.
우리 다음 학기에도 같이 공부해.
- 안나.

마리, 네가 내 생일을 기억해 줘서
너무 고마웠어. 나에게는 네가 천사야.
같은 반에서 공부해서 행복했어.
- 진.

한국어를 잘하는 마리.
내가 물어볼 때마다 잘 가르쳐 줘서 고마워.
- 너의 친구, 유진.

난 우리 반 친구들이 너무 좋아. 다음 학기에도
같이 공부하고 싶어. 이제는 화요일마다
공부하는 것이 익숙해졌어. 방학에도 화요일에
만나서 우리 한국어 연습할까? 연락해.
- 친구 해리.

난 아직 한국어를 못해서 답답해.
너에게는 더 예쁜 말을 쓰고 싶은데
아직 한국어가 부족해. 사랑해.
- 리사.

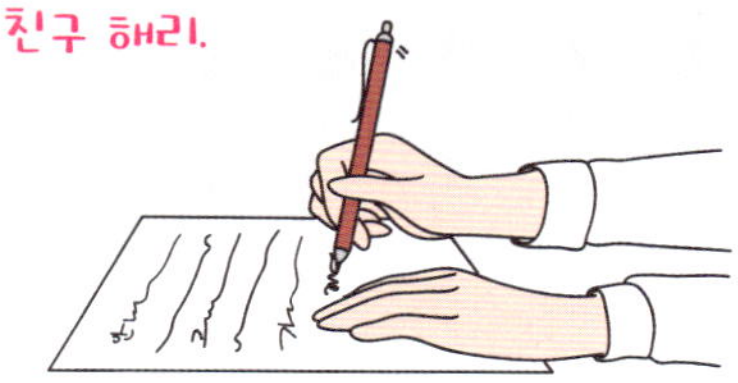

1) 진 씨와 유진 씨는 마리 씨에게 뭐가 고마워요?

2) 여러분은 우리 반 친구들에게 고마운 것이 있어요? 친구와 이야기해 보세요.

2. Write briefly about describing your feelings to your classmates in informal speech. Then show your writing to them.

우리 반 친구들에게 여러분의 마음을 표현하는 짧은 글을 반말로 써 보세요. 그리고 친구에게 보여 주세요.

어휘와 표현

답답하다 / 부족하다 / 부끄럽다 / 실수하다 / 변하다 / 알아듣다 / 잘하다 / 익숙해지다

문법

-아/어

어제 뭐 했어?

에는, 에서는

밖에는 사람이 많네요.

자기 점검

1. Can you talk with your close friends using informal speech?
   친한 사람과 반말을 사용해서 이야기할 수 있어요?

2. Can you talk about what has changed since you started learning Korean?
   한국어를 배우기 전과 후의 달라진 점을 말할 수 있어요?

12

I want to run a café like you

난 너처럼 카페를 하고 싶어

Let's ask and answer questions about things we want to do.

하고 싶은 일을 묻고 답할 수 있어요.

S 2B

12

What would you like better?

여러분은 어떤 것이 더 좋아요?

1

좋아하는 음식
365일 돈 안 내고 먹기

좋아하는 케이팝(K-POP) 가수,
스타와 저녁 식사 하기

2

멋진 사랑 하기

10억 받기

Why would you like that?
Take notes and talk about them.

왜 그렇게 생각해요?
메모하고 이야기해 보세요.

My choice	The reason

희망 사항

1. Check (√) the expressions that you know. Then listen and repeat.
아는 것에 √ 표시를 해 보세요. 그리고 듣고 따라 해 보세요.

01

☐ 유학하다

☐ 대학원에 진학하다

☐ 취직하다

☐ 가게를 열다/
카페를 열다

☐ 혼자 세계 여행을 하다

☐ 인터넷 소설을 쓰다

☐ 외국어를 잘하다

☐ 취미를 만들다

2. Look at the pictures and complete the conversations.
그림을 보고 대화를 완성해 보세요.

1) 
가: 대학을 졸업하면 무엇을 할 거예요?
나: 저는 ....

2) 
가: 이번 방학에는 무엇을 하고 싶어요?
나: 저는 ....

3) 
가: 수지 씨, 오빠는 요즘 뭐 해요?
나: 얼마 전에 ....

4) 
가: 자기 전에는 보통 뭐 해요?
나: 저는 ....

3. Is there anything you would like to do in a year or in five years? Talk as follows.
여러분은 1년 후에, 5년 후에 하고 싶은 일이 있어요? 다음과 같이 이야기해 보세요.

> 저는 1년 후에 한국 여행을 갈 거예요. 그리고 5년 후에는 대학원에 진학할 거예요.

	하고 싶은 일
1년 후	
5년 후	

문법 1

처럼

'처럼' attaches to the end of a noun, indicating that the noun is identical or similar to the preceding noun.

가: 어떻게 살고 싶어요?
나: 새처럼 자유롭게 살고 싶어요.

가: 친구는 어떤 사람이에요?
나: 제 친구는 천사처럼 착해요.

1. Complete the sentences as follows. 다음과 같이 문장을 완성해 보세요.

동생 | 가수
노래를 잘하다

↓

동생이 가수처럼 노래를 잘해요.

1) 제 친구, 선수, 축구를 잘하다
→ ______________________.

2) 안나 씨, 한국 사람, 말하다
→ ______________________.

3) 가을, 여름, 덥다
→ ______________________.

4) 구두, 운동화, 편하다
→ ______________________.

2. Complete the sentences as follows. 다음과 같이 문장을 완성해 보세요.

1) 저, 엄마, 의사가 되고 싶다
→ 저는 엄마처럼 의사가 되고 싶어요.

2) 동생, 토끼, 귀엽다
→ ______________________.

3) ______________________
→ ______________________.

새 어휘 | 자유롭다 / 엄마 / 토끼

문법 2

-게 되다

'-게 되다' indicates that a situation or a state has changed due to a certain influence.

1년 전: 한국어를 몰랐어요.
1년 후: 한국어를 잘하게 되었어요.

세종학당에서 한국어를 공부하고 있는데요. 저는 한국어가 재미있어요.

1. Complete the sentences as follows. 다음과 같이 문장을 완성해 보세요.

음식이 맛있다

자주 오다

↓

음식이 맛있어서 자주 오게 되었어요.

1) 한국 문화를 좋아하다, 한국어를 배우다
→ ______________________________.

2) 친구가 이사를 하다, 자주 못 만나다
→ ______________________________.

3) 언니가 도와주다, 지갑을 찾다
→ ______________________________.

4) 커피를 좋아하다, 카페를 열다
→ ______________________________.

2. How do you answer these questions? Talk with a partner.

다음 질문에 어떤 대답을 할 수 있을까요? 친구와 이야기해 보세요.

1) 여행을 자주 하지요? 여행을 자주 하니까 달라진 것이 있어요?

- 좋은 사람을 많이 만나게 되었어요.
- 다른 나라 문화를 많이 알게 되었어요.
- ______________________________

2) 한국어를 배우고 있지요? 한국어를 배우니까 달라진 것이 있어요?

- 한국을 좋아하게 됐어요.
- ______________________________
- ______________________________

3) 어릴 때와 달라진 것이 있어요?

- ______________________________
- ______________________________
- ______________________________

새 어휘 | 문화 / 달라지다

활동 1

앞으로의 계획

1. Is there anything you would like to do more often in the future? Eugene and Kevin are talking about what they'd like to do in the future. What do they say?

02

여러분은 앞으로 더 하고 싶은 일이 있어요? 유진 씨와 케빈 씨가 앞으로 하고 싶은 것을 이야기해요. 무슨 이야기를 할까요?

유진: 케빈, 넌 앞으로 하고 싶은 거 있어?

케빈: 글쎄. 혼자 세계 여행을 하고 싶어. 넌?

유진: 음. 난 너처럼 카페를 하고 싶어. 너 어떻게 카페를 열게 됐어?

케빈: 커피를 너무 좋아해서 하게 됐어.

유진: 앞으로도 계속 할 거야?

케빈: 응. 세상에서 가장 맛있는 커피를 만드는 사람이 되고 싶어.

1) 케빈 씨와 유진 씨는 앞으로 무엇을 하고 싶어 해요?

2) 케빈 씨는 왜 카페를 하게 되었어요?

2. Talk with a partner as follows. 다음과 같이 친구와 이야기해 보세요.

너 앞으로 더 잘하고 싶은 거 있어?

응. 난 한국어 선생님처럼 한국어를 잘하고 싶어. 너는?

난 한국 친구를 많이 사귀고 싶어.

한국어 공부를 열심히 하면 한국 친구를 많이 사귈 수 있게 될 거야.

1)	2)	3)
한국어 선생님, 한국어를 잘하고 싶다	너, 운동을 잘하고 싶다	
한국 친구를 많이 사귀다	그림 전시회를 하다	
한국어 공부를 열심히 하다	지금처럼 그림을 열심히 그리다	

새 어휘 | 세상 / 전시회

하고 싶은 일

1. What would you like to do if you could return to being a teenager?
Office workers in their 40s were asked what they would like to do if they could return to their 20s. How did they respond? Before reading, look at the graph and guess.
여러분은 10대로 돌아가면 무슨 일을 하고 싶어요? 40대 회사원들에게 20대로 돌아가면 하고 싶은 일에 대해 질문했어요.
어떤 대답이 나왔을까요? 먼저 그림을 보고 생각해 보세요.

20대가 꼭 해야 할 일

회사원 2,284명에게 물었습니다.
질문은 '20대로 돌아가게 되면 꼭 하고 싶은 일은 무엇입니까?'입니다.
대답은 다음과 같습니다.

1위 여행하기 -여행에서 많은 경험을 하게 돼요.
2위 사랑하기 -예쁜 사랑으로 추억을 만들어요.
3위 공부하기 -배우는 것은 끝이 없어요.

4위 저축하기 -미래 준비는 습관이 중요해요.
5위 놀기 -내일이 오지 않을 것처럼 놀아요.
5위 가족과 시간 보내기 -역시 남는 것은 가족밖에 없어요.
6위 운동하기 -건강한 생활이 중요하니까 운동을 해야 해요.
7위 친구 만들기 -가족처럼 편한 친구를 만들어야 외롭지 않아요.

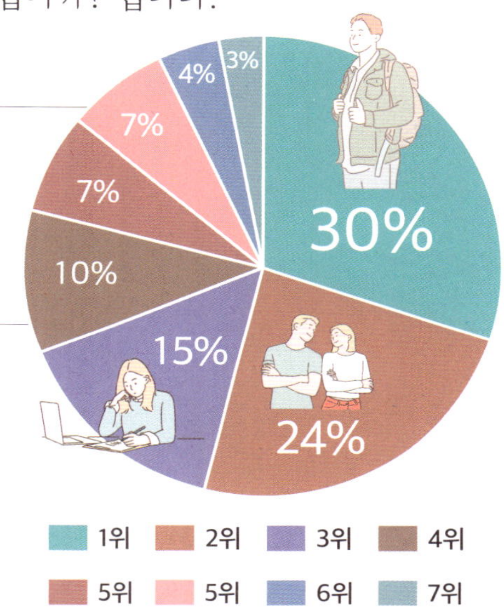

1) 위의 조사에서 1위와 3위는 뭐예요?

2) 여러분은 20대에 무슨 일을 꼭 하고 싶어요?

2. Read the survey results above again. What is important to you? Put them in order of priority. Write the reason and give a presentation.
위의 조사를 다시 읽어 보세요. 여러분에게는 뭐가 중요해요? 그 순서를 정해 보세요. 그 이유도 쓰고 발표해 보세요.

새 어휘 | 대 / 추억 / 저축하다 / 미래 / 역시 / 외롭다

어휘와 표현

유학하다 / 대학원에 진학하다 / 취직하다 / 가게를 열다 / 카페를 열다 / 혼자 세계 여행을 하다 / 인터넷 소설을 쓰다 / 외국어를 잘하다 / 취미를 만들다

문법

처럼
새처럼 자유롭게 살고 싶어요.

-게 되다
한국어를 잘하게 되었어요.

자기 점검

1. **Can you talk about your plans for the future using expressions about wishes?**
   희망 사항 표현을 사용하여 자신의 계획을 말할 수 있어요?

2. **Can you ask and answer questions about things you want to do?**
   하고 싶은 일을 묻고 답할 수 있어요?

/ Listening Scripts / Answer Key / Vocabulary Index / Credits

Listening Scripts

2B

01 Do you want to have a club gathering this Friday? 이번 주 금요일에 동아리 모임 할래요?

어휘와 표현	2번	15쪽

잘 듣고 빈칸에 알맞은 말을 써 보세요.

1) 가: 어디에서 파티를 해요? 장소를 결정했어요?
   나: 아직 못 정했어요. 지금 좋은 장소를 알아보고 있어요.
2) 가: 파티에서 뭘 하면 재미있을까요?
   나: 같이 게임하면 재미있을 것 같아요. 게임을 좀 준비할까요?
3) 가: 3시에 모임을 하면 배고플 것 같은데 뭘 좀 준비할까요?
   나: 좋아요. 간식을 준비하는 게 좋을 것 같아요.
4) 가: 우리 반 친구들이 어떤 음악을 좋아할까요?
   나: 음. 친구들의 취향을 물어보는 게 좋을 것 같아요.

활동 1	1번	18쪽

여러분은 동아리 모임을 해 본 적이 있어요? 무엇을 준비해야 할까요? 안나 씨와 마리 씨가 동아리 모임 이야기를 해요. 무슨 이야기를 할까요?

안나: 마리 씨, 시험도 끝났으니까 우리 이번 주 금요일에 동아리 모임을 할래요? 친구들 모아서 그동안 연습한 춤 공연도 하고요.
마리: 좋아요! 같이 준비해요. 어디에서 모임을 할까요?
안나: 글쎄요. 공연하기 좋은 장소를 좀 알아볼게요.
마리: 알겠어요. 그럼 저는 간식을 준비할게요.
안나: 다른 친구들도 많이 오면 좋을 것 같은데 연락해 볼까요?
마리: 좋은 생각이에요!

02 It takes about ten minutes from the King Sejong Institute 세종학당에서부터 걸어서 10분쯤 걸려요

어휘와 표현	2번	23쪽

그림과 알맞은 표현을 연결해 보세요. 그리고 듣고 따라 해 보세요.

1) 앞으로 쭉 가다　　2) 왼쪽으로 돌아가다(좌회전하다)
3) 오른쪽으로 돌아가다(우회전하다)

활동 1	1번	26쪽

여러분은 처음 가는 장소에 갈 때 어떻게 길을 찾아요? 유진 씨와 주노 씨가 모임 장소에 가는 방법을 이야기해요. 무슨 이야기를 할까요?

유진: 오늘 춤 동아리 모임이 있죠? 세종학당에서 출발할 사람 있어요?
주노: 네. 저요. 모임 장소가 하나 카페죠? 세종학당에서 멀어요?
유진: 아니요. 멀지 않아요. 세종학당에서부터 걸어서 10분쯤 걸려요.
주노: 그래요? 어떻게 가요?
유진: 세종학당 앞에서 횡단보도를 건너면 영화관이 나와요. 그 영화관에서 오른쪽으로 돌아가면 하나 카페가 있어요.
주노: 아, 한 번 가 본 것 같아요. 수업 끝나고 같이 갈까요?
유진: 네. 좋아요.

03 My grandmother made this necklace herself 할머니께서 직접 만드신 목걸이예요

어휘와 표현	3번	31쪽

잘 듣고 빈칸에 알맞은 말을 써 보세요.

1) 가: 뭘 보고 있어요?
   나: 다음 주에 마리 씨 생일이 있어서 인터넷으로 선물을 고르고 있어요.
2) 가: 다음 달에 친구가 외국에 공부하러 가는데 뭘 하면 좋을까요?
   나: 선물을 주는 게 어때요?
3) 가: 동생에게 무슨 선물을 하면 좋을까요?
   나: 이번에 취직했으니까 넥타이를 선물하는 게 어때요?
4) 가: 무슨 선물을 받고 싶어요?
   나: 저는 노트북을 받고 싶어요.

활동 1	1번	34쪽

여러분에게 소중한 물건은 뭐예요? 누가 준 거예요? 주노 씨와 안나 씨가 소중한 물건에 대해 이야기를 해요. 무슨 이야기를 할까요?

주노: 안나 씨, 오늘 목걸이가 예뻐요. 새로 샀어요?
안나: 아, 아니요. 작년 크리스마스에 받은 선물이에요. 우리 할머니께서 직접 만드신 목걸이예요.
주노: 와, 직접요? 할머니께서 너무 멋있으세요.
안나: 네. 그래서 저에게 정말 소중한 목걸이예요. 디자인은 조금 다르지만 동생에게도 주셨어요.

주노: 목걸이를 볼 때마다 할머니가 생각날 것 같아요.
안나: 네. 지금 할머니 이야기를 하니까 할머니가 더 보고 싶어요.

04 I met my middle school friend on my way to the King Sejong Institute

세종학당에 오다가 중학교 때 친구를 만났어요

어휘와 표현	1번	39쪽

오늘 친구의 기분이 어떤 것 같아요? √ 표시를 해 보세요. 그리고 듣고 따라 해 보세요.

☐ 기분이 좋다 ☐ 기쁘다 ☐ 최고이다
☐ 즐겁다 ☐ 신나다
☐ 기분이 나쁘다 ☐ 힘들다 ☐ 짜증이 나다
☐ 걱정이 많다 ☐ 지루하다

활동 1	1번	42쪽

여러분은 옛 친구와 어떤 특별한 기억이 있어요? 유진 씨에게 무슨 좋은 일이 있는 것 같아요. 안나 씨와 유진 씨는 무슨 이야기를 할까요?

안나: 유진 씨, 오늘 기분이 좋은 것 같아요.
유진: 네. 오늘 세종학당에 오다가 중학교 때 친구를 만났어요.
안나: 와, 중학교 때 친구요? 친한 친구였어요?
유진: 네. 옛날에 그 친구 집에서 자주 놀았어요.
친구 어머니께서 맛있는 음식도 많이 만들어 주셨어요.
안나: 정말 반가웠겠어요.

05 Don't use your cell phone during performances

공연 중에 핸드폰을 사용하지 마세요

어휘와 표현	2번	47쪽

안나 씨가 공연장에 가서 안내 방송을 들어요. 다음을 잘 듣고 써 보세요.

안녕하십니까? 공연을 시작하기 전에 안내 말씀 드리겠습니다. 공연 중에는 핸드폰을 사용할 수 없습니다. 그리고 음식을 먹을 수 없습니다. 공연 중간에는 밖으로 나갈 수 없습니다. 그럼 잠시 후에 공연을 시작하겠습니다. 감사합니다.

활동 1	1번	50쪽

여러분은 공연을 자주 보러 가요? 수지 씨와 유진 씨가 춤 공연을 보러 갔어요. 공연이 시작되기 전에 수지 씨가 유진 씨에게 질문을 해요. 무슨 질문을 할까요?

수지: 와, 사람이 아주 많네요!
유진: 그렇죠? 여기 안내 자료 받으세요.
수지: 고마워요, 유진 씨. 저는 춤 공연을 처음 보는데 뭘 조심해야 돼요?
유진: 다른 공연하고 비슷해요. 시작 전에 미리 들어가야 돼요.
그리고 공연 중에 박수를 치지 말고 핸드폰을 사용하지 마세요.
수지: 네. 알겠어요. 공연이 재미있으면 좋겠어요.

06 Can I use my laptop here?

여기에서 노트북을 사용해도 돼요?

어휘와 표현	1번	55쪽

공공장소에서 다음 행동을 해도 괜찮아요? 괜찮은 것에 모두 √ 표시를 해 보세요. 그리고 듣고 따라 해 보세요.

☐ 규칙을 잘 지키다 ☐ 줄을 서서 기다리다
☐ 버스에 천천히 타다 ☐ 안전선을 넘다
☐ 큰 소리로 노래를 듣다 ☐ 다른 사람을 밀다
☐ 여기저기 뛰어다니다 ☐ 시끄럽게 통화하다
☐ 쓰레기를 버리다

활동 1	1번	58쪽

여러분은 도서관에 자주 가요? 마리 씨와 주노 씨가 도서관 앞에 도착해서 이야기해요. 두 사람은 무슨 이야기를 할까요?

마리: 주노 씨, 여기에서 노트북을 사용해도 돼요?
저는 이 도서관에 처음 와서요.
주노: 네. 써도 돼요. 그런데 조용히 사용해야 돼요.
마리: 알겠어요. 여기에서 음료수를 마셔도 돼요?
주노: 1층에서는 음료수를 마시면 안 돼요.
마리: 다른 층은 괜찮아요?
주노: 네. 2층에 음료수를 마시면서 책을 보는 곳이 있어요.

07 I heard about her from Mari

마리 씨한테서 그 친구 이야기를 들었어요

어휘와 표현	1번	63쪽

여러분은 어떤 성격이에요? 모두 √ 표시를 해 보세요. 그리고 듣고 따라 해 보세요.

☐ 성격이 좋다 ☐ 성격이 급하다
☐ 성격이 밝다 ☐ 착하다
☐ 재미있다 ☐ 말이 많다
☐ 말이 적다 ☐ 부지런하다
☐ 게으르다 ☐ 활발하다

활동 1	1번	66쪽

여러분은 세종학당 친구들과 처음 만났을 때를 기억해요? 주노 씨와 안나 씨가 옆 반에 새로 온 학생에 대해 이야기해요. 무슨 이야기를 할까요?

주노: 안나 씨, 옆 반에 새로운 학생이 왔어요.
안나: 네. 알아요. 마리 씨한테서 그 친구 이야기를 들었어요.
주노: 마리 씨한테서요?
안나: 그 사람이 마리 씨 친구예요.
보니까 재미있는 사람인 것 같았어요.
주노: 저도 수업 끝나고 소개 좀 해 주세요.
안나: 좋아요. 같이 가요.

08 I used to have long hair when I was younger, but now I find short hair more comfortable

어렸을 때는 머리가 길었는데 지금은 짧은 머리가 편해요

어휘와 표현	1번	71쪽

외모를 설명할 때 사용할 수 있는 표현이에요. 여러분이 아는 어휘에 √ 표시를 해 보세요. 그리고 듣고 따라 해 보세요.

- ☐ 예쁘다
- ☐ 멋있다
- ☐ 귀엽다
- ☐ 잘생기다
- ☐ 마르다
- ☐ 날씬하다
- ☐ 통통하다
- ☐ 키가 크다
- ☐ 키가 보통이다
- ☐ 키가 작다
- ☐ 머리가 길다
- ☐ 머리가 짧다

활동 1	1번	74쪽

여러분은 어렸을 때 어땠어요? 유진 씨와 수지 씨가 사진을 보면서 이야기해요. 무슨 이야기를 할까요?

유진: 이거 무슨 사진이에요? 이 아이가 수지 씨예요?
수지: 네. 어렸을 때 오빠하고 찍은 사진이에요.
유진: 정말 귀여워요. 그때는 머리가 길었네요.
수지: 네. 어렸을 때는 머리가 길었는데 지금은 짧은 머리가 편해요.
유진: 두 사람 얼굴이 아주 밝아요. 오빠하고 친했어요?
수지: 그럼요. 그때는 오빠밖에 몰랐어요. 항상 오빠랑 같이 다녔어요.

09 I want to meet someone like that, too!

저도 그런 사람을 만나고 싶은데요!

어휘와 표현	1번	79쪽

여러분은 어떤 사람에게 관심이 있어요? 가장 관심이 있는 것 3개에 √ 표시를 하고 이야기해 보세요. 그리고 듣고 따라 해 보세요.

- ☐ 성격이 편안하다
- ☐ 잘 웃다
- ☐ 생각이 깊다
- ☐ 성격이 비슷하다
- ☐ 취미가 비슷하다
- ☐ 말이 잘 통하다
- ☐ 마음이 따뜻하다
- ☐ 마음이 넓다
- ☐ 마음이 잘 맞다

활동 1	1번	82쪽

여러분은 만나고 싶은 사람이 있어요? 안나 씨와 수지 씨가 만나고 싶은 사람에 대해 이야기해요. 무슨 이야기를 할까요?

안나: 수지 씨, 우리 언니가 이번 9월에 결혼해요.
수지: 정말요? 잘됐네요. 저도 빨리 좋은 사람을 만나고 싶어요.
안나: 어떤 사람을 만나고 싶어요?
수지: 저는 취미 생활이 중요하기 때문에 취미가 비슷한 사람을 만나고 싶어요. 쉬는 날 같이 사진을 찍으러 다니고 싶어요.
안나: 와, 멋진데요! 저도 그런 사람을 만나고 싶어요!

10 Mountain bikes are a little dangerous

산악자전거는 조금 위험한 편이에요

어휘와 표현	1번	87쪽

여러분은 시간이 있을 때 뭘 하는 것을 좋아해요? 듣고 따라 해 보세요.

- ☐ 전통 놀이를 체험해요.
- ☐ 방송국을 체험해요.
- ☐ 다른 나라를 방문해요.
- ☐ 유명한 장소를 방문해요.
- ☐ 맛집을 찾아가요.
- ☐ 예쁜 카페를 찾아가요.
- ☐ 여러 나라의 동전을 모아요.
- ☐ 좋아하는 만화책을 모아요.

활동 1	1번	90쪽

시간이 지나면 할 수 없는 일은 무엇일까요? 마리 씨와 재민 씨가 해 보고 싶은 일에 대해 이야기해요. 무슨 이야기를 할까요?

마리: 재민 씨, 뭘 보고 있어요?
재민: 산악자전거를 알아보고 있어요. 옛날부터 꼭 타 보고 싶었어요.
마리: 그거 위험하지 않아요?
재민: 조금 위험한 편이에요.
하지만 더 늦으면 못 할 것 같아서요.
마리: 다치지 않게 조심하세요.
재민: 네. 더 늦기 전에 이번에는 꼭 해 보려고요.

11 At first, I was frustrated because there were so many things I didn't know

처음에는 모르는 게 많아서 답답했어

어휘와 표현	3번	95쪽

잘 듣고 빈칸에 알맞은 말을 써 보세요.

1) 차가 많이 막혀서 답답해요.
2) 한국어를 1(일)년밖에 안 배웠는데 정말 잘하네요.
3) 회사 생활이 처음엔 힘들었는데 지금은 많이 익숙해졌어요.

활동 1	1번	98쪽

여러분은 처음 한국어를 배울 때와 비교해서 변한 것이 있어요? 안나 씨와 재민 씨가 요즘 자신의 변화에 대해 반말로 이야기해요. 무슨 이야기를 할까요?

안나: 재민아, 요즘 회사 생활은 어때?
재민: 처음보다 많이 좋아졌어. 넌, 한국어 배우는 거 어때?
안나: 나도 처음에는 모르는 게 많아서 답답했어. 실수도 많이 하고.
재민: 그랬구나. 학교에서도 한국어를 배워?
안나: 아니. 학교에서는 안 배우고 세종학당에서만 배워.
재민: 와, 그런데 한국어를 작년보다 아주 잘하는 것 같아.
안나: 그래? 고마워.

12 I want to run a café like you

난 너처럼 카페를 하고 싶어

어휘와 표현	1번	103쪽

아는 것에 √ 표시를 해 보세요. 그리고 듣고 따라 해 보세요.

□ 유학하다	□ 대학원에 진학하다
□ 취직하다	□ 가게를 열다 / 카페를 열다
□ 혼자 세계 여행을 하다	□ 인터넷 소설을 쓰다
□ 외국어를 잘하다	□ 취미를 만들다

활동 1	1번	106쪽

여러분은 앞으로 더 하고 싶은 일이 있어요? 유진 씨와 케빈 씨가 앞으로 하고 싶은 것을 이야기해요. 무슨 이야기를 할까요?

유진: 케빈, 넌 앞으로 하고 싶은 거 있어?
케빈: 글쎄. 혼자 세계 여행을 하고 싶어. 넌?
유진: 음. 난 너처럼 카페를 하고 싶어. 너 어떻게 카페를 열게 됐어?
케빈: 커피를 너무 좋아해서 하게 됐어.
유진: 앞으로도 계속 할 거야?
케빈: 응. 세상에서 가장 맛있는 커피를 만드는 사람이 되고 싶어.

Answer Key

2B

01 Do you want to have a club gathering this Friday? 이번 주 금요일에 동아리 모임 할래요?

어휘와 표현 | 2번 | 15쪽

1) 장소를 알아보고 있어요
2) 게임을 좀 준비할까요
3) 간식을 준비하는 게
4) 친구들의 취향을 물어보는 게

어휘와 표현 | 3번 | 15쪽

[예시]
저는 친구들이 좋아하는 간식을 준비해요.

문법 1 | 1번 | 16쪽

1) 들어 볼래요 2) 갈래요
3) 먹을래요 4) 앉을래요

문법 1 | 2번 | 16쪽

2) 가: 비가 오는데 커피 마실래요?
나: 네. 좋아요.
가: 어디에서 커피 마실래요?
나: 학교 앞 카페 어때요?

가: 비가 오는데 커피 마실래요?
나: 미안해요. 오늘은 일이 있어요.
가: 괜찮아요. 그럼 다음에 봐요.

3) 가: 기분이 안 좋은데 쇼핑할래요?
나: 네. 좋아요.
가: 어디에서 쇼핑할래요?
나: 백화점 어때요?

가: 기분이 안 좋은데 쇼핑할래요?
나: 미안해요. 오늘은 일이 있어요.
가: 괜찮아요. 그럼 다음에 봐요.

4) 가: 날씨가 좋은데 운동할래요?
나: 네. 좋아요.
가: 무슨 운동할래요?
나: 테니스 어때요?

가: 날씨가 좋은데 운동할래요?
나: 미안해요. 오늘은 일이 있어요.
가: 괜찮아요. 그럼 다음에 봐요.

5) [예시]
가: 내일 도서관에 가려고 하는데 같이 갈래요?
나: 네. 좋아요.
가: 몇 시에 갈래요?
나: 오후 두 시 어때요?

가: 내일 도서관에 가려고 하는데 같이 갈래요?
나: 미안해요. 내일은 일이 있어요.
가: 괜찮아요. 그럼 다음에 봐요.

문법 2 | 1번 | 17쪽

1) 올게요 2) 살게요
3) 먹을게요 4) 만들게요

문법 2 | 2번 | 17쪽

2) 기차표를 예매해야 돼요
3) 날씨를 미리 알아봐야 돼요
4) 맛집을 알아봐야 돼요
5) [예시]
유명한 여행지를 알아봐야 돼요./여행 날짜를 정해야 돼요.

문법 2 | 3번 | 17쪽

[예시]
가: 누가 비행기표를 예매할래요?
나: 제가 예매할게요.

활동 1 | 1번 | 18쪽

1) 이번 주 금요일에 동아리 모임을 하려고 해요. 동아리 모임에서 그동안 연습한 춤 공연을 할 거예요.

2) 안나 씨는 공연하기 좋은 장소를 알아볼 거예요. 그리고 마리 씨는 간식을 준비할 거예요.

활동 1 | 2번 | 18쪽

2) 가: 유진 씨, 토요일에 주노 씨 생일 파티를 하려고 하는데 올래요?
   나: 주노 씨 생일 파티요? 좋아요. 같이 준비해요. 뭐부터 준비할까요?
   가: 고마워요. 먼저 제가 장소를 알아볼게요. 그리고 음식을 주문할게요.
   나: 알겠어요. 그럼 제가 게임을 준비할게요.
3) [예시]
   가: 유진 씨, 토요일에 영화 동아리 모임을 하려고 하는데 올래요?
   나: 영화 동아리 모임요? 좋아요. 같이 준비해요. 뭐부터 준비할까요?
   가: 고마워요. 먼저 제가 장소를 알아볼게요. 그리고 간식을 준비할게요.
   나: 알겠어요. 그럼 제가 다른 친구들에게 연락할게요.

활동 2 | 1번 | 19쪽

1) 안나 씨 동아리 모임은 이번 주 금요일 저녁 6시에 하나 카페에서 해요. 동아리 모임에서 친구들과 준비한 춤 공연을 할 거예요. 그리고 공연도 보고 맛있는 음식을 먹으면서 같이 즐거운 시간을 보낼 거예요.
2) [예시]
   저는 세종학당 친구와 생일 파티를 하고 싶어요.

활동 2 | 2번 | 19쪽

[예시]

미나 씨, 안녕하세요? 유리예요. 이번 주말에 제 생일이 있어서 토요일에 생일 파티를 하려고 하는데 미나 씨도 올래요? 우리 반 친구들하고 같이 이야기도 하고 맛있는 음식을 먹으면서 생일 파티를 하고 싶어요. 지금 저하고 민수 씨가 생일 파티를 준비하고 있는데 우리 반 친구들을 모두 초대할 거예요.

장소는 세종학당 옆에 있는 한국식당인데 토요일 오후 다섯 시에 생일 파티를 하려고 해요. 맛있는 음식하고 게임도 준비했어요. 미나 씨도 꼭 오면 좋겠어요.

답장 주세요. 기다릴게요.

-유리가.

02 It takes about ten minutes from the King Sejong Institute 세종학당에서부터 걸어서 10분쯤 걸려요

어휘와 표현 | 1번 | 23쪽

1) 육교
2) 신호등
3) 사거리
4) 횡단보도
5) 지하도

어휘와 표현 | 2번 | 23쪽

1) 2) 3)

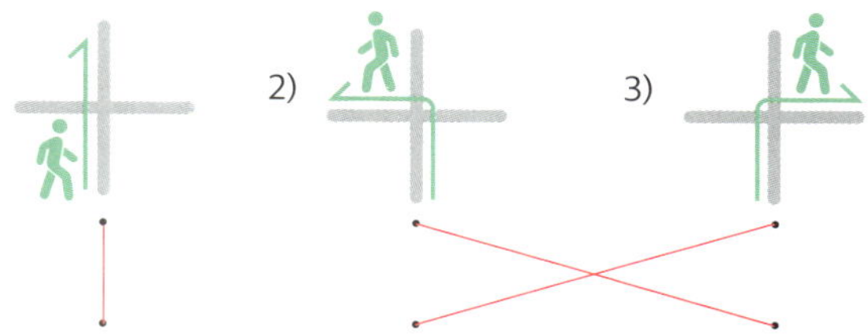

앞으로 쭉 가다 / 오른쪽으로 돌아가다 (우회전하다) / 왼쪽으로 돌아가다 (좌회전하다)

어휘와 표현 | 3번 | 23쪽

[예시]

신호등과 사거리를 볼 수 있어요.

문법 1 | 1번 | 24쪽

1) 명동에서부터
2) 화장실에서부터
3) 고향에서부터
4) 어디에서부터, 부산에서부터

문법 1 | 2번 | 24쪽

[예시]

2) 가: 차를 타고 멀리 가 본 적 있어요?
   나: 네. 전주에서부터 서울까지 가 본 적이 있어요.
   가: 시간이 얼마나 걸렸어요?
   나: 세 시간쯤 걸렸어요.
3) 가: 기차 타고 멀리 여행해 본 적 있어요?
   나: 네. 서울에서부터 부산까지 여행해 본 적이 있어요.
   가: 시간이 얼마나 걸렸어요?
   나: 세 시간쯤 걸렸어요.
4) 가: 비행기를 타고 멀리 가 본 적이 있어요?
   나: 네. 한국에서부터 브라질까지 가 본 적이 있어요.
   가: 시간이 얼마나 걸렸어요?
   나: 스물다섯 시간쯤 걸렸어요.

문법 2	1번	25쪽

1) 만날 2) 볼 3) 먹을 4) 들을

문법 2	2번	25쪽

[예시]

2) 가: 이 표는 뭐예요?
   나: 내일 탈 비행기 표예요.
3) 가: 이 주스는 뭐예요?
   나: 버스에서 마실 주스예요.
4) 가: 이 옷은 뭐예요?
   나: 여행지에서 입을 옷이에요.
5) 가: 이 신발은 뭐예요?
   나: 바닷가에서 신을 신발이에요.
6) 가: 이 전화번호는 뭐예요?
   나: 한국에서 만날 친구 전화번호예요.

활동 1	1번	26쪽

1) 세종학당에서 안 멀어요. 세종학당에서부터 걸어서 10분쯤 걸려요.
2) 세종학당 앞에서 횡단보도를 건너면 영화관이 나와요. 그 영화관에서 오른쪽으로 돌아가면 하나 카페가 있어요.

활동 1	2번	26쪽

2) 가: 오늘 주노 씨 생일 파티에 갈 사람 있어요?
   나: 네. 저요. 모임 장소가 한국식당이죠? 그런데 학교에서부터 멀어요?
   가: 아니요. 세종학당 앞 육교를 건너면 공원이 있는데 그 앞에 있어요.
   나: 아, 그래요? 이따가 같이 가요.
3) 가: 오늘 동아리 모임에 갈 사람 있어요?
   나: 네. 저요. 모임 장소가 한국식당이죠? 그런데 정문에서부터 멀어요?
   가: 아니요. 세종학당 앞 횡단보도를 건너면 공원이 있는데 그 앞에 있어요.
   나: 아, 그래요? 이따가 같이 가요.
4) [예시]
   가: 오늘 춤 동아리 모임에 갈 사람 있어요?
   나: 네. 저요. 모임 장소가 세종식당이죠? 그런데 학교에서부터 멀어요?
   가: 아니요. 세종학당 앞 지하도를 건너면 공원이 있는데 그 앞에 있어요.
   나: 아, 그래요? 이따가 같이 가요.

활동 2	1번	27쪽

1) 한글날 행사는 10월 9일 2시에 K 호텔에서 해요. 한글을 만든 세종 대왕의 영화도 보고 재미있는 한글 캘리그래피도 배울 거예요. 그리고 세종학당의 춤 동아리 학생들이 멋진 케이팝(K-POP) 공연도 할 예정이에요.
2) [예시]
   한국식당에서 모임을 하고 싶어요. 세종학당 앞에서 횡단보도를 건너면 카페가 나와요. 그 카페 옆에 한국식당이 있어요.

활동 2	2번	27쪽

[예시]

선생님, 안녕하세요? 저는 유미라고 해요. 궁금한 것이 있어서 이 메일을 보내요. 세종학당 한글날 행사에 참석하고 싶은데 일이 있어서 세 시부터 참석할 수 있어요. 혹시 한글날 행사는 오후 두 시에 시작해서 몇 시간 동안 해요? 그리고 한글날 행사가 끝나는 시간도 궁금해요. 감사합니다.

– 유미 올림.

03 My grandmother made this necklace herself

할머니께서 직접 만드신 목걸이예요

어휘와 표현	2번	31쪽

[예시]

지갑, 꽃, 콘서트 표

어휘와 표현	3번	31쪽

1) 선물을 고르고 있어요
2) 선물을 주는 게 어때요
3) 넥타이를 선물하는 게 어때요
4) 노트북을 받고 싶어요

어휘와 표현	4번	31쪽

[예시]

저는 사랑하는 사람에게 향수를 주고 싶어요.

문법 1	1번	32쪽

1) 요리하세요
2) 수학을 가르치세요
3) 책을 읽으세요
4) 음악을 들으세요

문법 1	2번	32쪽

[예시]

가: 지은 씨의 어머니는 어떤 분이세요?

나: 우리 어머니는 수학을 잘하세요. 그리고 책 읽는 것을 아주 좋아하세요.
가: 아, 그럼 혹시 선생님이세요?
나: 아니요. 회사원이세요.

문법 2 | 1번 | 33쪽

1) 에게도　　2) 에게만
3) 에게만　　4) 에게도

문법 2 | 2번 | 33쪽

1) 재민 씨하고 유진 씨에게도
2) 마리 씨에게만 이메일을 안 보냈어요
3) 마리 씨에게도 이메일을 보냈어요
4) 재민 씨에게도 선물을 줬어요

활동 1 | 1번 | 34쪽

1) 안나 씨는 작년 크리스마스에 목걸이를 선물 받았어요.
2) 안나 씨의 할머니께서 직접 만드신 목걸이예요. 그래서 소중해요.

활동 1 | 2번 | 34쪽

2) 가: 재민 씨, 이 넥타이 디자인이 멋있어요. 새로 샀어요?
나: 아, 멋있죠? 취직할 때 할아버지께서 주신 선물이에요.
가: 와, 넥타이를 볼 때마다 할아버지 생각이 날 것 같아요.
나: 네. 저에게만 주신 선물이어서 특히 소중해요.
3) [예시]
가: 재민 씨, 이 지갑 디자인이 멋있어요. 새로 샀어요?
나: 아, 멋있죠? 한국에 갔을 때 아버지께서 주신 선물이에요.
가: 와, 지갑을 볼 때마다 아버지 생각이 날 것 같아요.
나: 네. 저에게만 주신 선물이어서 특히 소중해요.

활동 2 | 1번 | 35쪽

1) 마리 씨에게 가장 소중한 선물은 10살 생일 때 어머니께서 직접 만들어서 주신 목도리예요. 어머니께서 직접 만드셔서 마리 씨에게 너무 소중한 선물이에요.
2) [예시]
저에게 가장 중요한 선물은 어머니께서 주신 목걸이예요.

활동 2 | 2번 | 35쪽

[예시]
저에게 소중한 선물은 할머니께서 직접 만드신 반지입니다. 제가 취직할 때 할머니께서 주셨습니다. 할머니께서 저를 생각하면서 만드신 반지여서 저에게 아주 소중합니다. 이 반지를 하고 있으면 할머니의 얼굴이 생각나고 할머니가 많이 보고 싶습니다.

04 I met my middle school friend on my way to the King Sejong Institute

세종학당에 오다가 중학교 때 친구를 만났어요

어휘와 표현 | 2번 | 39쪽

1)  시험에 합격했어요. — 최고예요.
2)  소설이 재미없어요. — 지루해요.
3)  새로운 곳을 여행해요. — 신나요.
4) 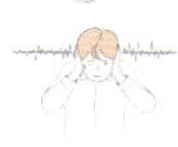 밖이 너무 시끄러워요. — 짜증이 나요.
5)  중요한 시험이 있어요. — 걱정이 많아요.

어휘와 표현 | 3번 | 39쪽

[예시]
세종학당에서 친구들과 한국어를 공부해서 기분이 좋아요.

문법 1 | 1번 | 40쪽

1) 마시다가　　2) 하다가
3) 배우다가　　4) 만들다가

문법 1 | 2번 | 40쪽

[예시]
1) 전화를 받았어요　　2) 사진을 찍었어요
3) 잠이 들었어요　　4) 영어를 배우다가

문법 2 | 1번 | 41쪽

1) 이야기해 주세요　　2) 빌려줄까요
3) 만들어 줬어요

문법 2 | 2번 | 41쪽

[예시]
지갑을 찾아 줄 거예요. /
물건을 주워 줄 거예요. /
핸드폰을 빌려줄 거예요.

활동 1 | 1번 | 42쪽

1) 유진 씨는 세종학당에 오다가 중학교 때 친구를 만났어요.
2) 유진 씨는 옛날에 중학교 때 친구 집에서 자주 놀았어요. 그리고 친구 어머니께서 맛있는 음식도 많이 만들어 주셨어요.

활동 1	2번	42쪽

2) 가: 유진 씨, 신난 것 같아요.
   나: 계속 일만 하다가 주말에 여행을 다녀왔어요.
   가: 아, 정말요?
   나: 네. 정말 기분이 최고였어요.
3) 가: 유진 씨, 기분이 나쁜 것 같아요.
   나: 농구에서 이기고 있다가 졌어요.
   가: 아, 정말요?
   나: 네. 정말 짜증이 났어요.
4) [예시]
   가: 유진 씨, 기분이 안 좋은 것 같아요.
   나: 어제 시험공부를 하다가 잠이 들었어요.
   가: 아, 정말요?
   나: 네. 정말 걱정이 많아요.

활동 2	1번	43쪽

1) 안나 씨와 민호 씨는 한국에서 처음 만났어요. 기차 안에서 이야기를 하다가 친구가 되었습니다. 민호 씨는 안나 씨에게 부산을 소개해 주었습니다. 두 사람은 내일 다시 만나기로 했습니다.
2) [예시]
   저는 세종학당에서 한국어를 배우다가 지나 씨와 친구가 되었습니다. 작년에 지나 씨하고 같이 한국에 여행도 갔습니다.

활동 2	2번	43쪽

[예시]

저는 세종학당에서 한국어를 배웁니다. 지나 씨와는 세종학당에서 같이 한국어를 배우다가 친구가 되었습니다. 작년에 지나 씨하고 같이 한국에 여행도 갔습니다. 저는 한국 여행이 처음이었지만 지나 씨는 한국을 두 번 여행했습니다. 그래서 지나 씨가 저에게 서울을 소개해 줬습니다. 정말 재미있는 여행이었습니다.

05 Don't use your cell phone during performances 공연 중에 핸드폰을 사용하지 마세요

어휘와 표현	1번	47쪽

[예시]

☑ 음식을 먹으면서 보다

☑ 자리를 바꾸다

☑ 핸드폰으로 사진을 찍다

☑ 앞자리를 발로 차다

☐ 노래를 따라서 부르다

☑ 자리에서 일어나다

☑ 친구와 떠들다

☑ 박수를 치다

☑ 공연 중간에 나가다

어휘와 표현	2번	47쪽

핸드폰을 사용할 수, 음식을 먹을 수, 밖으로 나갈 수

어휘와 표현	3번	47쪽

[예시]

공연 중간에 나갔어요.
음식을 먹으면서 봤어요.
쓰레기를 버렸어요.
자리에서 일어났어요.
공연 중에 박수를 쳤어요.
전화했어요.
친구와 떠들었어요.
핸드폰으로 사진을 찍었어요.

문법 1	1번	48쪽

1) 잘하네요
2) 많네요
3) 머네요
4) 잘생겼네요

문법 1	2번	48쪽

1) 어렵네요
2) 좋아하네요
3) 그리네요
4) 멋지네요

문법 1	3번	48쪽

[예시]

재민 씨, 새로 산 옷이 멋있네요. /
마리 씨, 강아지가 정말 귀엽네요!

문법 2	1번	49쪽

1) 찍지 마세요
2) 주차하지 마세요
3) 타지 마세요
4) 피우지 마세요

문법 2	2번	49쪽

1) 열지 마세요
2) 들어가지 마세요
3) 떠들지 마세요

문법 2	3번	49쪽

[예시]

수업 시간에 친구와 떠들지 마세요.

활동 1	1번	50쪽

1) 아니요. 수지 씨는 춤 공연을 처음 봐요.
2) 공연 중에 박수를 치지 말고 핸드폰을 사용하지 말아야 해요.

활동 1 | 2번 | 50쪽

2) 가: 와, 극장이 멋있네요!
   나: 그렇죠? 여기 극장 안내문 받으세요.
   가: 고마워요. 저는 연극을 처음 보는데 뭘 조심해야 돼요?
   나: 공연을 보면서 이야기하지 마세요.
3) [예시]
   가: 와, 공연장이 크네요!
   나: 그렇죠? 여기 공연 소개 자료 받으세요.
   가: 고마워요. 저는 뮤지컬 공연을 처음 보는데 뭘 조심해야 돼요?
   나: 공연 중간에 사진을 찍지 마세요.

활동 2 | 1번 | 51쪽

1) 세종 문화 센터 공연 관람 예절 안내가 있어요.
2) [예시]
   공연 관람 예절을 지키지 않으면 다른 사람이 불편해해요.

활동 2 | 2번 | 51쪽

[예시]
핸드폰으로 사진을 찍지 마세요.
공연 중에 박수를 치지 마세요.
공연 중간에 나가지 마세요.
친구와 떠들지 마세요.
음식을 먹으면서 보지 마세요.
자리에서 일어나지 마세요.

06 Can I use my laptop here?
여기에서 노트북을 사용해도 돼요?

어휘와 표현 | 1번 | 55쪽

어휘와 표현 | 2번 | 55쪽

1)
2)
3)
4)
5)

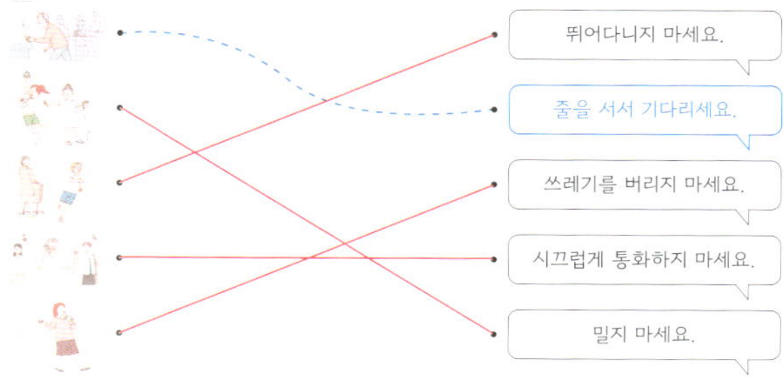

어휘와 표현 | 3번 | 55쪽

[예시]
공공장소에서 조용히 해요.

문법 1 | 1번 | 56쪽

1) 마셔도 돼요　　2) 사도 돼요
3) 가도 돼요　　4) 타도 돼요
5) 없어도 돼요

문법 1 | 2번 | 56쪽

2) 여기에 앉아도 돼요?
3) 입어 봐도 돼요?
4) 병원에 가도 돼요?

문법 2 | 1번 | 57쪽

1) 강아지와 같이 산책해도 돼요
2) 음식을 만들면 안 돼요
3) 자전거를 타도 돼요
4) 큰 소리로 노래를 들으면 안 돼요

문법 2 | 2번 | 57쪽

[예시]
지하철에서 물을 마시면 안 돼요.

활동 1 | 1번 | 58쪽

1) 네. 도서관에서 노트북을 사용할 수 있어요.
2) 2층이에요.

활동 1 | 2번 | 58쪽

[예시]
2) 도서관에서는 노트북을 사용해도 돼요. 그리고 음료수를 마셔도 돼요. 하지만 음식을 먹으면 안 되고 큰 소리로 노래를 들으면 안 돼요.
3) 박물관에서는 핸드폰을 사용해도 돼요. 그리고 이야기해도 돼요. 하지만 핸드폰으로 사진을 찍으면 안 되고 크게 떠들면 안 돼요.

4) 버스 안에서는 전화해도 돼요. 그리고 핸드폰을 봐도 돼요. 하지만 시끄럽게 통화하면 안 되고 버스에 빨리 타면 안 돼요.

5) 지하철역에서는 음악을 들어도 돼요. 그리고 전화해도 돼요. 하지만 안전선을 넘으면 안 되고 다른 사람을 밀면 안 돼요.

활동 2 | 1번 | 59쪽

1) 입구 근처에서 담배를 피우면 안 돼요.

2) [예시]

여기에 쓰레기를 버리면 안 돼요.

활동 2 | 2번 | 59쪽

[예시 1]

장소: 아파트

내용: 계단에서 담배를 피우면 안 돼요. 주차장에 주차하세요. 강아지와 같이 산책해도 돼요.

[예시 2]

장소: 공원

내용: 음식을 만들면 안 돼요. 쓰레기를 버리지 마세요. 자전거를 타도 돼요.

[예시 3]

장소: 교실

내용: 여기저기 뛰어다니면 안 돼요. 친구와 떠들지 마세요. 노트북을 사용해도 돼요.

07 I heard about her from Mari

마리 씨한테서 그 친구 이야기를 들었어요

어휘와 표현 | 2번 | 63쪽

1) 착해요. • • 일을 빨리빨리 해요. 잘 못 기다려요.

2) 활발해요. • • 다른 사람을 잘 도와줘요.

3) 부지런해요. • • 일하는 것을 싫어하고 천천히 해요.

4) 성격이 급해요. • • 오늘 할 일을 오늘 꼭 해요.

5) 게을러요. • • 밝고 여러 가지 일을 많이 해요.

어휘와 표현 | 3번 | 63쪽

[예시]

제 친구는 조용하지만 아주 재미있어요.

문법 1 | 1번 | 64쪽

1) 한국 친구에게서/한테서

2) 동생에게서/한테서

3) 아버지께

4) 선생님께

5) 어머니께

문법 1 | 2번 | 64쪽

[예시]

1) 어머니께 목걸이를 받았어요.

2) 아버지께 한국에 대한 이야기를 가장 많이 들었어요.

3) 서울에 있는 친구한테서 택배를 받았어요.

4) 오늘 재민 씨한테서 에스엔에스(SNS) 메시지를 받았어요.

문법 2 | 1번 | 65쪽

1) 도착하니까　　2) 끝내니까

3) 돌아가니까　　4) 보니까

문법 2 | 2번 | 65쪽

1) 백화점에 가다 • • 강아지가 옆에서 자고 있었어요.

2) 창문 밖을 보다 • • 세일 기간이었어요.

3) 아침에 일어나다 • • 비가 오고 있었어요.

4) 식당에 들어가다 • • 어려운 단어가 많이 나왔어요.

5) 한국 노래를 듣다 • • 맛있는 냄새가 났어요.

6) 친구에게 전화하다 • • 집에 있었어요.

↓

1) 백화점에 가니까 세일 기간이었어요.

2) 창문 밖을 보니까 비가 오고 있었어요.

3) 아침에 일어나니까 강아지가 옆에서 자고 있었어요.

4) 식당에 들어가니까 맛있는 냄새가 났어요.

5) 한국 노래를 들으니까 어려운 단어가 많이 나왔어요.

6) 친구에게 전화하니까 집에 있었어요.

활동 1 | 1번 | 66쪽

1) 마리 씨한테서 그 친구 이야기를 듣고 만났어요.

2) 보니까 성격이 재미있는 사람인 것 같았어요.

활동 1 | 2번 | 66쪽

2) 가: 유진 씨, 옆집에 누가 이사 왔어요.

나: 네. 알아요. 형/오빠한테서 듣고 만났어요.

가: 그 사람은 어떤 사람이에요?

나: 만나니까 말이 많은 사람인 것 같아요.

3) [예시]

가: 유진 씨, 우리 반에 새로운 학생이 왔어요.

나: 네. 알아요. 안나 씨한테서 듣고 만났어요.

가: 그 사람은 어떤 사람이에요?

나: 이야기하니까 성격이 좋은 것 같아요.

활동 2 | 1번 | 67쪽

[예시]

1) 저는 꽃을 제일 먼저 찾았어요. 제 성격과 잘 맞는 것 같아요/제 성격과 잘 안 맞는 것 같아요.

2) 저는 민수 씨하고 성격이 제일 비슷해요. 우리는 모두 말이 별로 없어요.

활동 2 | 2번 | 67쪽

[예시]
저의 제일 친한 친구는 마이 씨입니다. 마이 씨는 활발한 성격이어서 인기가 많습니다. 케이팝(K-POP)을 아주 좋아하고 한국 친구도 많습니다.

08 I used to have long hair when I was younger, but now I find short hair more comfortable

어렸을 때는 머리가 길었는데 지금은 짧은 머리가 편해요

어휘와 표현 | 2번 | 71쪽

2) 안나는 귀엽고 예뻤어요. 머리가 길었어요. 키가 컸어요.
3) 마리는 귀여웠어요. 머리가 짧았어요. 키가 작았어요.

어휘와 표현 | 3번 | 71쪽

[예시]
저는 키가 작고 머리가 길었어요.

문법 1 | 1번 | 72쪽

1) 비싼데 2) 많은데
3) 보는데 4) 먹는데

문법 1 | 2번 | 72쪽

[예시]
어렸을 때는 키가 작았는데 지금은 키가 커요

문법 2 | 1번 | 73쪽

1) 15분밖에 2) 세 명밖에
3) 한 개밖에 4) 파란색 펜밖에
5) 운동화밖에

문법 2 | 2번 | 73쪽

[예시]
저는 요즘 한국 여행밖에 관심이 없어요.

활동 1 | 1번 | 74쪽

1) 수지 씨는 어렸을 때 머리가 길었어요.
2) 아니요. 어렸을 때는 머리가 길었는데 지금은 머리가 짧아요.

활동 1 | 2번 | 74쪽

2) [예시]

외모	어렸을 때	• 키가 크고 말랐다. • 머리가 짧았다.
	지금	• 통통하다. • 머리가 길다.
좋아하는 것	어렸을 때	• 주스를 좋아했다. • 축구밖에 몰랐다.
	지금	• 커피를 좋아한다. • 농구를 많이 한다.

저는 어렸을 때는 키가 크고 말랐는데 지금은 통통해요. 어렸을 때는 항상 머리가 짧았는데 지금은 긴 머리가 편해요. 전에는 주스를 좋아했는데 지금은 주스보다 커피를 더 좋아해요. 그리고 옛날에는 축구밖에 몰랐는데 지금은 농구를 많이 해요.

활동 2 | 1번 | 75쪽

1) 두 사람은 어렸을 때 축구 선수가 되고 싶었어요. 지금은 주노 씨는 회사원이 되었고 주노 씨의 형은 화가가 되었어요.
2) [예시]
저는 어렸을 때 선생님이 되고 싶었어요.

활동 2 | 2번 | 75쪽

[예시]
저는 어렸을 때 영어 선생님이 되고 싶었습니다. 영어를 좋아해서 하루 종일 집에서 영어책을 읽고 영어 공부를 했습니다. 그리고 친구들에게 영어를 가르쳐 주는 것이 재미있었습니다. 하지만 지금 저는 작은 회사에 다니고 있습니다. 해외에 있는 회사와 연락을 많이 합니다. 지금은 영어를 가르치지 않지만 회사에서 영어를 많이 사용해서 즐겁습니다.

09 I want to meet someone like that, too!

저도 그런 사람을 만나고 싶은데요!

어휘와 표현 | 2번 | 79쪽

1) 말이 잘 통해요. • • 두 사람이 대화할 때 편하고 잘 맞아요.
2) 취미가 비슷해요. • • 두 사람이 좋아하는 일이 비슷해요.
3) 마음이 넓어요 • • 다른 사람이 잘못한 것을 잘 이해해요.
4) 생각이 깊어요 • • 무슨 일을 하기 전에 많이 생각해요.
5) 마음이 잘 맞아요. • • 두 사람이 생각하는 것이 비슷해요.

어휘와 표현 | 3번 | 79쪽

[예시]
저는 친구들에게 마음이 넓고 말이 잘 통하는 사람이 되고 싶어요. 그리고 생각이 깊은 사람이 되어서 친구들의 이야기를 들어 줄 거예요.

문법 1 | 1번 | 80쪽

1) 닫기 때문에
2) 살기 때문에
3) 점심시간이기 때문에

문법 1 | 2번 | 80쪽

[예시]
1) 취미 생활을 많이 해요
2) 선물을 사야 해요
3) 집에서 약을 먹고 쉬었어요
4) 오늘 날씨가 추워요

문법 2 | 1번 | 81쪽

1) 어울리는데요
2) 비싼데요
3) 깨끗한데요
4) 시작하는데요

문법 2 | 2번 | 81쪽

1) 먹는데요, (먹다 / 마시다 / 보다)
2) 아름다운데요, (크다 / 많다 / 아름답다)
3) 받았는데요, (받다 / 주다 / 있다)

문법 2 | 3번 | 81쪽

[예시]
지나 씨, 오늘 한국어를 아주 잘하는데요.

활동 1 | 1번 | 82쪽

1) 수지 씨 취미는 사진을 찍는/찍으러 다니는 것이에요.
2) 수지 씨는 취미가 비슷한 사람을 만나고 싶어 해요.

활동 1 | 2번 | 82쪽

2) 저는 성격이 중요하기 때문에 마음이 넓은 사람을 만나고 싶어요. 그 사람하고 싸우지 않고 잘 지내고 싶어요.
3) 저는 생각이 중요하기 때문에 생각이 깊은 사람을 만나고 싶어요. 그 사람하고 많은 이야기를 하고 싶어요.
4) 저는 직업이 중요하기 때문에 직업이 비슷한 사람을 만나고 싶어요. 좋아하는 사람과 같이 일하고 싶어요.
5) [예시]

중요한 것	만나고 싶은 사람	하고 싶은 것
나이	나이가 비슷한 사람	그 사람하고 재미있는 활동을 많이 하고 싶다

저는 나이가 중요하기 때문에 나이가 비슷한 사람을 만나고 싶어요. 그 사람하고 재미있는 활동을 많이 하고 싶어요.

활동 2 | 1번 | 83쪽

1) 이 사람은 유학생 모임에서 수지 씨를 처음 만났어요. 수지 씨는 마음이 따뜻한 사람인 것 같아요.
2) [예시]
저는 민수 씨와 마음이 잘 맞아요. 그리고 민지 씨와 말이 잘 통해요.

활동 2 | 2번 | 83쪽

[예시]
저는 취미가 비슷한 친구를 사귀고 싶어요. 쉬는 날에 같이 취미 생활을 할 수 있기 때문이에요.

10 Mountain bikes are a little dangerous

산악자전거는 조금 위험한 편이에요

어휘와 표현 | 2번 | 87쪽

[예시]
케이팝(K-POP) 춤 공연을 하다

어휘와 표현 | 3번 | 87쪽

1) 산악자전거를
2) 연기를
3) 나만의 책을

문법 1 | 1번 | 88쪽

1) 잘하는 편이에요
2) 깨끗한 편이에요
3) 방문하는 편이에요
4) 활발한 편이에요

문법 1 | 2번 | 88쪽

1) 오늘 날씨가 맑은 편이에요?
네. 맑은 편이에요. / 아니요. 흐린 편이에요.
2) 운동을 잘하는 편이에요?
네. 잘하는 편이에요. / 아니요. 못하는 편이에요.
3) 매운 음식을 잘 먹는 편이에요?
네. 잘 먹는 편이에요. / 아니요. 잘 못 먹는 편이에요.
4) 음식을 잘 만드는 편이에요?
네. 잘 만드는 편이에요. / 아니요. 못 만드는 편이에요.

문법 1 | 3번 | 88쪽

[예시]
저는 피아노를 잘 치는 편이에요.

문법 2 | 1번 | 89쪽

1) 춥지 않게
2) 먹을 수 있게
3) 들어오게
4) 읽게

문법 2 | 2번 | 89쪽

[예시]
1) 일찍 자요
2) 야채와 과일을 많이 먹어요
3) 한국어를 열심히 공부해요
4) 휴대폰에 메모했어요
5) 다른 사람이 못 듣게

활동 1 | 1번 | 90쪽

1) 재민 씨는 산악자전거를 타 보고 싶어 해요.
2) 더 늦으면 못 할 것 같아서요.

활동 1 | 2번 | 90쪽

2) 가: 저는 옛날부터 연기를 해 보고 싶었어요. 그런데 조금 늦은 편이에요.
나: 더 늦지 않게 빨리 시작하세요.
가: 네. 더 늦기 전에 이번에는 꼭 해 보려고요.
3) 가: 저는 옛날부터 해외여행을 해 보고 싶었어요. 그런데 돈이 많이 드는 편이에요.
나: 할인을 받을 수 있게 잘 알아보세요.
가: 네. 늦기 전에 이번에는 꼭 해 보려고요.
4) [예시]
가: 저는 옛날부터 악기를 배우고 싶었어요. 그런데 조금 비싼 편이에요.
나: 악기를 살 수 있게 돈을 모아 보세요.
가: 네. 늦기 전에 이번에는 꼭 해 보려고요.

활동 2 | 1번 | 91쪽

1) 회사원이 해 보고 싶어 하는 일은 취미 바꾸기, 돈 모으기, 다이어트 성공하기, 외국어 공부하기, 해외여행 가기, 남자 친구나 여자 친구 사귀기예요. 취미 바꾸기가 가장 많았어요.
2) [예시]
우리 나라 회사원들은 해외여행 가기에 관심이 많을 것 같아요. 학생들은 남자 친구나 여자 친구 사귀기에 관심이 많을 것 같아요.

활동 2 | 2번 | 91쪽

[예시]

♡ 올해 꼭 하고 싶은 일 ♡	☆ 나에게 필요한 것은? ☆
1) 해외여행 가기	1) 한국 친구
2) 여자 친구 사귀기	2) 시간
3) 한국 친구 사귀기	3) 돈

제가 올해 꼭 하고 싶은 일은 해외여행 가기, 여자 친구 사귀기, 한국 친구 사귀기입니다.

11 At first, I was frustrated because there were so many things I didn't know

처음에는 모르는 게 많아서 답답했어

어휘와 표현 | 1번 | 95쪽

- 답답하다 — 내가 하고 싶은 말을 한국어로 못해요.
- 부족하다 — 음식을 5인분 준비했는데 8명이 왔어요.
- 부끄럽다 — 학교에 오다가 넘어졌어요. 다른 사람들이 저를 보고 있었어요.
- 실수하다 — 선생님을 '생선님'이라고 불렀어요.

어휘와 표현 | 2번 | 95쪽

1) 변했어요
2) 알아들어요
3) 익숙해졌어요
4) 잘해요

어휘와 표현 | 3번 | 95쪽

1) 답답해요
2) 잘하네요
3) 익숙해졌어요

문법 1 | 1번 | 96쪽

1) 가: 민호야, 여행은 잘 다녀왔어?
나: 응. 아주 좋았어.
2) 가: 오늘 파티에 갈 사람 있어?
나: 응. 나도 가려고.
3) 가: 목걸이가 예뻐. 새로 샀어?
나: 아니. 작년 크리스마스에 할머니께서 직접 만들어 주셨어.
4) 가: 지은아, 여기에서 노트북을 사용해도 돼?
나: 응. 사용해도 돼.

문법 1 | 2번 | 96쪽

가: 여기에서 음료수를 마셔도 돼?
나: 아니. 1층에는 음료수를 가지고 들어가면 안 돼.
가: 다른 층은 괜찮아?
나: 응. 2층에 음료수를 마시면서 책을 보는 곳이 있어.

문법 2 | 1번 | 97쪽

1) 에서는
2) 에는
3) 에는
4) 에서는, 에서는

문법 2 | 2번 | 97쪽

오늘은 제 생일이에요. 저는 동생과 쌍둥이예요. 우리 집(✓① 에서는 / ② 에만) 생일날 가족이 모여 저녁을 먹어요. 엄마는 저(✓① 에게는 / ② 에게도) 목걸이를, 동생(① 에게서 / ✓② 에게는) 지갑을 선물로 주셨어요. 지갑(✓① 에는 / ② 에도) 돈이 들어 있었어요.

[예시]
멋진 선물을 받아서 기분이 아주 좋았습니다.

활동 1 | 1번 | 98쪽

1) 처음보다 많이 좋아졌어요.
2) 세종학당에서 한국어를 배워요.

활동 1 | 2번 | 98쪽

2) 가: 회사 생활은 어때?
   나: 처음엔 부족한 게 많았어.
   가: 지금은 잘하는 거 같은데?
   나: 응. 지금은 많이 익숙해졌어.
3) [예시]
   가: 유학 생활은 어때?
   나: 처음엔 답답한 게 많았어.
   가: 지금은 잘하는 거 같은데?
   나: 응. 지금은 많이 괜찮아졌어.

활동 2 | 1번 | 99쪽

1) 마리 씨가 진 씨의 생일을 기억해 줘서 고마워요. 유진 씨가 물어 볼 때마다 잘 가르쳐줘서 고마워요.
2) [예시]
   우리 반 친구들하고 같이 한국어를 재미있게 공부할 수 있어서 고마워요.

활동 2 | 1번 | 99쪽

[예시]
이번 학기에 우리 반 친구들과 한국어를 공부해서 너무 좋았어. 내가 아직 한국어를 잘 못하지만 항상 잘 가르쳐 줘서 고마워. 다음 학기에도 같이 공부하면 좋겠어.

12 I want to run a café like you
난 너처럼 카페를 하고 싶어

어휘와 표현 | 2번 | 103쪽

1) 대학원에 진학할 거예요
2) 혼자 세계 여행을 하고 싶어요
3) 카페를 열었어요
4) 인터넷 소설을 써요

어휘와 표현 | 3번 | 103쪽

[예시]

	하고 싶은 일
1년 후	취직하다
5년 후	친구와 세계 여행을 하다

저는 1년 후에 취직할 거예요. 그리고 5년 후에는 친구와 세계 여행을 하고 싶어요.

문법 1 | 1번 | 104쪽

1) 제 친구는 선수처럼 축구를 잘해요
2) 안나 씨는 한국 사람처럼 말해요
3) 가을이 여름처럼 더워요
4) 구두가 운동화처럼 편해요

문법 1 | 2번 | 104쪽

2) 동생은 토끼처럼 귀여워요
3) [예시 1]
   저, 선생님, 한국어를 잘하다
   → 저는 선생님처럼 한국어를 잘하고 싶어요

   [예시 2]
   저, 선생님, 노래를 잘하다
   → 저는 선생님처럼 노래를 잘하고 싶어요

문법 2 | 1번 | 105쪽

1) 한국 문화를 좋아해서 한국어를 배우게 되었어요
2) 친구가 이사를 해서 자주 못 만나게 되었어요
3) 언니가 도와줘서 지갑을 찾게 되었어요
4) 커피를 좋아해서 카페를 열게 되었어요

문법 2 | 2번 | 105쪽

[예시]
1) 외국 친구를 많이 사귀게 되었어요
2) 한국 노래를 듣게 되었어요
   한국 친구를 만나게 되었어요
3) 한국어를 배우게 되었어요
   혼자 살게 되었어요
   회사에 다니게 되었어요

활동 1 | 1번 | 106쪽

1) 케빈 씨는 혼자 세계 여행을 하고 싶어 해요. 그리고 세상에서 가장 맛있는 커피를 만들고 싶어 해요. 유진 씨는 카페를 하고 싶어 해요.
2) 커피를 너무 좋아해서 하게 됐어요.

활동 1	2번	106쪽

2) 가: 너 앞으로 잘하고 싶은 거 있어?
   나: 응. 난 너처럼 운동을 잘하고 싶어. 너는?
   가: 난 그림 전시회를 하고 싶어.
   나: 지금처럼 그림을 열심히 그리면 그림 전시회를 할 수 있게 될 거야.

3) [예시]
   가: 너 앞으로 잘하고 싶은 거 있어?
   나: 응. 난 케이팝(K-POP) 가수처럼 춤을 잘 추고 싶어. 너는?
   가: 난 노래를 잘하고 싶어.
   나: 노래 연습을 많이 하면 노래를 잘할 수 있게 될 거야.

활동 2	1번	107쪽

1) 1위는 여행하기이고 3위는 공부하기예요.

2) [예시]
   저는 20대에 한국으로 유학을 가고 싶어요.

활동 2	2번	107쪽

[예시]

저에게는 친구 만들기가 중요해요. 친구들이 많이 있으면 같이 여행도 가고 즐거운 시간을 보낼 수 있어요.

Vocabulary Index

(in Korean alphabetical order)

2B

ㄱ

가져가다 take out 89
갑자기 suddenly 67
걱정이 많다 worry a lot 39
건강 stay healthy 89
걸어오다 walk 24
게으르다 lazy 63
결정하다 decide 15
계단 stairs 59
고장 나다 be out of order, break down 80
곳 place 39
공연장 performance venue 47, 51
관람 viewing 51
관리실 management office 59
관심 interest 73, 91
궁금하다 curious 27
규칙 rule 55, 59, 80
그냥 just 24
그때 that time, then 74
그만두다 quit 40
극장 theater 50
급하다 rash 63
기분이 나쁘다 be in a bad mood, feel bad 39
기쁘다 happy 39
기숙사 dormitory 80
기억에 남다 memorable 35
깨끗이 clean 59
꺼내다 take out 31
꽃집 flower shop 41

ㄴ

나오다 appear 26
나오다 be released, come out 80
날씬하다 slender 71
남다 be left 73
내용 content, story 41
냄새 smell 65
넘다 cross, go beyond 55
넘어졌어요 fell down 95
네 you 99
노래를 따라서 부르다 sing along 47
노력 effort 91
노트북 laptop 31, 58
놀이 기구 amusement rides, ride 56
뉴스 news 40

ㄷ

다이어트 diet 91
달라지다 change 105
담배 cigarette 49, 59
답답하다 stuffy 89, 95
답장 reply 19
대학원 graduate school 103
돈이 들다 cost 90
동네 village 65
동전 coin 87
들다 carry, lift 41
들르다 drop by 40
따로 separately 27
떠들다 chat, make a noise 47
뛰다 jump, run 58
뛰어다니다 run about 55

ㅁ

마르다 thin 71
마음이 넓다 generous 79
마음이 따뜻하다 big hearted, warm-hearted 79
마음이 잘 맞다 like-minded 79
만지다 touch 49
말을 걸다 start a conversation 83
말이 잘 통하다 communicate well 79
맞추다 set 89
멀리 far 24
멋지다 wonderful 27
모습 appearance 74
모으다 gather 18
목걸이 necklace 31, 34, 96
문제 question 48
문화 센터 culture center 51
미래 future 107
미리 in advance 50
밀다 push 55

ㅂ

바꾸다 change 47
바뀌다 change 65
박수를 치다 clap 47
발음 pronunciation 81
방문하다 visit 87
방송국 broadcasting station 87
변하다 change 95
보통 average 71, 74
복습 review 59
부끄럽다 ashamed 95
부족하다 insufficient 95
부지런하다 diligent 63
분 person (honorific) 32
비타민 vitamin 73
빈자리 empty seat 48
빌딩 building 59
빨리빨리 quickly 63

ㅅ

(성격이) 밝다 bright 63
사거리 crossroads 23
사귀다 make a friend 43, 106
사실 actually 67
사용하다 use 58
사전 dictionary 40
산악자전거 mountain bike 87, 90
상자 box 65
새 bird 67
새로 newly 34
새벽 dawn 87
생각나다 be reminded of 34
생각이 깊다 thoughtful 79
생일날 birthday 97
서로 from each other 67
성격 personality 63, 67
성공하다 succeed 91
세일 기간 sale period 65
세종 대왕 King Sejong 27
소리 sound 55, 57
소중하다 precious 34
수학 mathematics 32
시간을 보내다 spend time 19
시끄럽다 noisy 39
신나다 become elated, excited 39
신호등 traffic light 23
실수하다 make a mistake 95
실패하다 fail 40
싸우다 fight, quarrel 82
쌍둥이 twin 97
쓰레기 trash 49, 55, 57

ㅇ

아이 child 48, 74
아이디어 idea 67
안내 notice 27, 47, 51
안내문 introduction 50, 57, 59
안내 자료 information material 50
안전선 safety line 55
알람 시계 alarm clock 80, 89
알리다 tell 41
알아듣다 understand 95
앞으로 쭉 가다 go straight ahead 23
앞자리 front seat 47
어리다 young 64
엄마 mom 104
여러 가지 various 63
연극 theater play 50
연기 acting 87

연습하다 practice 18
옆집 house next door 66
예절 etiquette 51
예정 plan 27
옛날 past 42
올해 this year 91
외롭다 lonely 107
우회전하다 turn right 23
위(1위, 2위) wi; a word used to rank or order things 91
위험하다 dangerous 90
유학생 international student, student studying abroad 83
유학하다 study abroad 103
육교 overpass 23
이기다 win 42
이따 later 56
이미 already 66
이상 over 56
이해하다 understand 83
이후 after 80
익숙해지다 become familiar 95
인기 있는 popular 15, 18
일정 program 51
입구 entrance 59
잊어버리다 forget 89

ㅈ
자리 seat 47, 51
잘생기다 good-looking 48, 71
잘하다 do well 95, 104
잠깐 for a while 16
잠이 들다 fall asleep 40
저희 our 80
전시 exhibition 51
전통 놀이 traditional game 87
정문 main gate 26, 27
조심하다 careful 50, 90
조용히 quietly 58, 89
좋아지다 improve 98
좌회전하다 turn left 23
주차하다 park 49
줄을 서서 stand in a line 55
줍다 pick up 41
중간 middle 47
중학교 middle school 42
지다 lose 42
지루하다 bored 39
지하도 underground tunnel 23, 26
지하철역 subway station 41
진학하다 enter a higher education institution 103
짐 baggage 41
짜증이 나다 become irritated 39, 42

ㅊ
차다 kick 47
착하다 kind 63
참석하다 attend 27
찾아가다 visit 87
찾아보다 look up, search 15, 18
천사 angel 99, 104
천천히 slowly 55, 63
체험하다 experience 87
초콜릿 chocolate 72
최고 the best 39
추억 memory 107
축구 선수 soccer player 75
축구장 soccer field 75
취직하다 get a job 31
취향 preference 15
친하다 close 42

ㅋ
캘리그래피 calligraphy 27
키 height 71, 88

ㅌ
택배 parcel 64
토끼 rabbit 104
통통하다 chubby 71
통화하다 talk on the phone 55

ㅍ
편안하다 comfortable 59
포장을 풀다 unwrap 31
포장하다 wrap 31
피우다 smoke 49

ㅎ
하늘 sky 81
하루 종일 all day 75
학기 semester 99
한국말 Korean language 48
한글날 Hangeullal 27
할머니 grandmother 32, 34, 64
할아버지 grandfather 32, 34, 64
할인을 받다 discount 90
합격하다 pass 39
해 sun 67
행사 event 27
향수 perfume 31
홈페이지 website 51
화가 painter 75
화나다 angry 65
화를 내다 get angry 63
활발하다 lively 63
횡단보도 crosswalk 23, 26

Vocabulary Index

(in English alphabetical order)

2B

A

acting 연기 87
actually 사실 67
after 이후 80
alarm clock 알람 시계 80, 89
all day 하루 종일 75
already 이미 66
amusement rides 놀이 기구 56
angel 천사 99, 104
angry 화나다 65
appear 나오다 26
appearance 모습 74
ashamed 부끄럽다 95
attend 참석하다 27
average 보통 71, 74

B

baggage 짐 41
be in a bad mood 기분이 나쁘다 39
be left 남다 73
be out of order 고장 나다 80
be released 나오다 80
be reminded of 생각나다 34
become elated 신나다 39
become familiar 익숙해지다 95
become irritated 짜증이 나다 39, 42
big hearted 마음이 따뜻하다 79
bird 새 67
birthday 생일날 97
bored 지루하다 39
box 상자 65
break down 고장 나다 80
bright (성격이) 밝다 63
broadcasting station 방송국 87
building 빌딩 59

C

calligraphy 캘리그래피 27
careful 조심하다 50, 90
carry 들다 41
change 달라지다 105
change 바꾸다 47
change 바뀌다 65
change 변하다 95
chat 떠들다 47
child 아이 48, 74
chocolate 초콜릿 72
chubby 통통하다 71
cigarette 담배 49, 59
clap 박수를 치다 47
clean 깨끗이 59
close 친하다 42
coin 동전 87
come out 나오다 80
comfortable 편안하다 59
communicate well 말이 잘 통하다 79
content 내용 41
cost 돈이 들다 90
cross 넘다 55
crossroads 사거리 23
crosswalk 횡단보도 23, 26
culture center 문화 센터 51
curious 궁금하다 27

D

dangerous 위험하다 90
dawn 새벽 87
decide 결정하다 15
dictionary 사전 40
diet 다이어트 91
diligent 부지런하다 63
discount 할인을 받다 90
do well 잘하다 95, 104
dormitory 기숙사 80
drop by 들르다 40

E

effort 노력 91
empty seat 빈자리 48
enter a higher education institution 진학하다 103
entrance 입구 59
etiquette 예절 51
event 행사 27
excited 신나다 39
exhibition 전시 51
experience 체험하다 87

F

fail 실패하다 40
fall asleep 잠이 들다 40
far 멀리 24
feel bad 기분이 나쁘다 39
fell down 넘어졌어요 95
fight 싸우다 82
flower shop 꽃집 41
for a while 잠깐 16
forget 잊어버리다 89
from each other 서로 67
front seat 앞자리 47
future 미래 107

G

gather 모으다 18
generous 마음이 넓다 79
get a job 취직하다 31
get angry 화를 내다 63
go beyond 넘다 55
go straight ahead 앞으로 쭉 가다 23
good-looking 잘생기다 48, 71
graduate school 대학원 103
grandfather 할아버지 32, 34, 64
grandmother 할머니 32, 34, 64

H

Hangeullal 한글날 27
happy 기쁘다 39
height 키 71, 88
house next door 옆집 66

I

idea 아이디어 67
improve 좋아지다 98
in advance 미리 50
information material 안내 자료 50
insufficient 부족하다 95
interest 관심 73, 91
international student 유학생 83
introduction 안내문 50, 57, 59

J

jump 뛰다 58
just 그냥 24

K

kick 차다 47
kind 착하다 63
King Sejong 세종 대왕 27
Korean language 한국말 48

L

laptop 노트북 31, 58
later 이따 56
lazy 게으르다 63
lift 들다 41
like-minded 마음이 잘 맞다 79
lively 활발하다 63
lonely 외롭다 107
look up 찾아보다 15, 18
lose 지다 42

M

main gate 정문 26, 27
make a friend 사귀다 43, 106
make a mistake 실수하다 95
make a noise 떠들다 47
management office 관리실 59
mathematics 수학 32
memorable 기억에 남다 35
memory 추억 107

middle 중간 47
middle school 중학교 42
mom 엄마 104
mountain bike 산악자전거 87, 90

N
necklace 목걸이 31, 34, 96
newly 새로 34
news 뉴스 40
noisy 시끄럽다 39
notice 안내 27, 47, 51

O
our 저희 80
over 이상 56
overpass 육교 23

P
painter 화가 75
parcel 택배 64
park 주차하다 49
pass 합격하다 39
past 옛날 42
performance venue 공연장 47, 51
perfume 향수 31
person (honorific) 분 32
personality 성격 63, 67
pick up 줍다 41
place 곳 39
plan 예정 27
popular 인기 있는 15, 18
practice 연습하다 18
precious 소중하다 34
preference 취향 15
program 일정 51
pronunciation 발음 81
push 밀다 55

Q
quarrel 싸우다 82
question 문제 48
quickly 빨리빨리 63
quietly 조용히 58, 89
quit 그만두다 40

R
rabbit 토끼 104
rash 급하다 63
reply 답장 19
review 복습 59
ride 놀이 기구 56
rule 규칙 55, 59, 80
run 뛰다 58
run about 뛰어다니다 55

S
safety line 안전선 55
sale period 세일 기간 65
search 찾아보다 15, 18
seat 자리 47, 51
semester 학기 99
separately 따로 27
set 맞추다 89
sing along 노래를 따라서 부르다 47
sky 하늘 81
slender 날씬하다 71
slowly 천천히 55, 63
smell 냄새 65
smoke 피우다 49
soccer field 축구장 75
soccer player 축구 선수 75
sound 소리 55, 57
spend time 시간을 보내다 19
stairs 계단 59
stand in a line 줄을 서서 55
start a conversation 말을 걸다 83
stay healthy 건강 89
story 내용 41
student studying abroad 유학생 83
study abroad 유학하다 103
stuffy 답답하다 89, 95
subway station 지하철역 41
succeed 성공하다 91
suddenly 갑자기 67
sun 해 67

T
take out 가져가다 89
take out 꺼내다 31
talk on the phone 통화하다 55
tell 알리다 41
that time 그때 74
the best 최고 39
theater 극장 50
theater play 연극 50
then 그때 74
thin 마르다 71
this year 올해 91
thoughtful 생각이 깊다 79
touch 만지다 49
traditional game 전통 놀이 87
traffic light 신호등 23
trash 쓰레기 49, 55, 57
turn left 좌회전하다 23
turn right 우회전하다 23
twin 쌍둥이 97

U
underground tunnel 지하도 23, 26
understand 알아듣다 95
understand 이해하다 83
unwrap 포장을 풀다 31
use 사용하다 58

V
various 여러 가지 63
viewing 관람 51
village 동네 65
visit 방문하다 87
visit 찾아가다 87
vitamin 비타민 73

W
walk 걸어오다 24
warm-hearted 마음이 따뜻하다 79
website 홈페이지 51
wi; a word used to rank or order things 위(1위, 2위) 91
win 이기다 42
wonderful 멋지다 27
worry a lot 걱정이 많다 39
wrap 포장하다 31

Y
you 네 99
young 어리다 64

Credits

2B

※ 이 교재는 산돌폰트 외 Ryu 고운한글돋움OTF, Ryu 고운한글바탕OTF 등을 사용하여 제작되었습니다. Ryu 고운한글돋움OTF, Ryu 고운한글바탕OTF 서체는 서체 디자이너 류양희 님에게서 제공 받았습니다.

OPEN 공공누리 이 교재는 국립공원공단에서 2021년 작성하여 공공누리 제1유형으로 개방한 '국립공원 꼬미'를 사용하였으며, 해당 저작물은 국립공원공단(www.knps.or.kr)에서 무료로 다운 받으실 수 있습니다.

※ 강승희, 곽명주, 박가을, 이재영, 정원교 작가와 함께 작업했습니다.

| 게티이미지코리아 |

5과 46쪽_(위로부터)①/④ 6과 54쪽_(시계방향으로)③; 55쪽_1번 (상, 좌로부터)②; 58쪽_1번 우 11과 95쪽_2번 1) 12과 102쪽_1번 좌 부록 119쪽_6과 1번 (상, 좌로부터)②

| 셔터스톡 |

스피커 아이콘

말풍선

연필 아이콘

1과 13쪽; 14쪽; 15쪽_3번; 16쪽; 17쪽_2번; 18쪽; 19쪽; 20쪽 2과 21쪽; 22쪽; 23쪽_2번, 3번; 24쪽; 25쪽_상; 27쪽; 28쪽 3과 29쪽; 30쪽; 31쪽_2번; 32쪽_상우, 1번; 33쪽_2번 (보기)/1)/2)/3); 34쪽; 36쪽 4과 38쪽; 39쪽; 40쪽; 41쪽_상좌, 2번; 44쪽 5과 46쪽_(위로부터)②/③/⑤; 47쪽_1번 (좌, 위로부터)③, (하, 좌로부터)②; 48쪽_2번, 3번; 49쪽_1번, 2번; 50쪽; 51쪽_1번; 52쪽 6과 53쪽; 54쪽_(시계방향으로)①/②; 55쪽_1번 (상, 좌로부터)①/③, 중, 하; 57쪽_상; 58쪽_1번 좌; 59쪽; 60쪽 7과 61쪽; 63쪽_3번; 64쪽_상좌, 2번; 65쪽; 68쪽 8과 69쪽; 70쪽; 71쪽_3번; 72쪽_1번 1)/2)/3)우/4); 73쪽; 74쪽; 76쪽 9과 79쪽; 81쪽; 82쪽; 84쪽 10과 86쪽; 87쪽_2번 (상, 좌로부터)①/③/④, 하, 3번 (보기)/2)/3); 88쪽; 89쪽_1번; 90쪽; 91쪽; 92쪽 11과 93쪽; 94쪽; 95쪽_2번 2); 98쪽; 99쪽; 100쪽 12과 101쪽; 102쪽_2번; 103쪽_1번 (상, 좌로부터)①/②/④, 하, 2번; 104쪽; 105쪽; 107쪽; 108쪽 부록 109쪽, 131쪽

| 연합뉴스 |

9과 78쪽_전 피겨스케이팅 선수 김연아

| 기타 |

1과 16쪽, 9과 78쪽, 12과 102쪽_가수 블랙핑크 (YG엔터테인먼트 제공)

3과 30쪽_'타인을 위한 선물 구입 품목' (대학내일20대연구소, 〈[1534 데이터 클리핑] 쇼핑〉, 2019.11)

9과 78쪽_배우 이민호 (MYM엔터테인먼트 제공)

MEMO

Sejong Korean 2B

Ministry of Culture, Sports and Tourism
National Institute of Korean Language

154 Geumnanghwa-ro, Gangseo-gu
Seoul, 07511, Rep. of Korea
Tel. +82 (0)2-2669-9775
Fax. +82 (0)2-2669-9727
www.korean.go.kr

PROJECT MANAGERS	Park Miyoung	National Institute of Korean Language
	Jo Eun	National Institute of Korean Language
LEAD AUTHOR	Lee Jung Hee	Institute of International Education Kyung Hee University
CO-AUTHORS	Lee Sumi	University College Sungkyunkwan University
	Han Yunjung	K-Culture•Story Contents Research Institute Kyung Hee University
	Shin Beomsuk	Language Education Institute Seoul National University
	Min Youmi	Language Education Institute Seoul National University
ASSISTANT AUTHORS	Kim Yeon Hee	Department of Korean Language and Literature Kyung Hee University
	Hong Se Hwa	Department of Korean Language and Literature Kyung Hee University
	Jeong Seong Ho	Department of Korean Language and Literature Kyung Hee University
	Seo Yoo Ri	Department of Korean Language and Literature Kyung Hee University
REVIEWER OF ENGLISH TRANSLATION	Danielle O. Pyun	Department of East Asian Languages & Literatures The Ohio State University

KONG & PARK

85 Gwangnaru-ro 56-gil, Gwangjin-gu
Seoul, 05116, Rep. of Korea
Tel. +82 (0)2-565-1531
Fax. +82 (0)2-6499-1801
www.kongnpark.com

PUBLISHER	Director	Kong Kyung Yong
	Editors	Lee Eugene, Kim Saehoon, Lee Jindeok, Yeo Inyeong, Kim Ryunghee, Sung Soojung, Choi Eunjung, Ham Soyeon
	Copy Editors	Sung A. Jung, Paulina Zolta, Kassandra Lefrancois-Brossard
	Graphic Designers	Oh Jinkyung, Lee Jongwoo, Seo Euna, Lee Seunghee
	Illustrators	Kang Seunghee, Kwak Myeongju, Park Gaeul, Lee Jaeyoung, Chung Wonkyo
	Management / Production	Gong Il-Seog, Choi Jinho
	Technical Manager	Son Dae-Chul
	Marketing Manager	Yoon Sungho

Back | Map of Korea

MAP LEGEND
International Boundary
Secondary Boundary State, Provincial, etc
Demarcation Line
Expressway
Primary Road
High-speed Railway
Railway
International Airport
Lighthouse
(Persons)
POPULATED PLACES
Over 3,000,000
1,000,000~3,000,000
500,000~1,000,000
100,000~500,000
10,000~100,000
Under 10,000
CAPITAL
123°
125°
127°
129°
131°
42°
40°
38°
36°
34°
Vladivostok
Nakho
Zaliv Petra Velikovo
Kraskino
Hunchun
Tumen
Yanji
Antu
Longjing
Helong
Baishan
Huadian
Panshi
Liaoyuan
Dongfeng
Huinan
Meihekou
Liuhe
Jingyu
Fusong
Baishan
Linjiang
Tonghua
Liaoyang
Benxi
ANSHAN
Huanren
Kuanding
Fengcheng
Xiuyan
Dandong
Donggang
Sinuiju
Uiju
Yongcheon
Sakju
Changseong
Ji'an
Manpo
Wiwon
Chosan
JAGANG-DO
Ganggye
Jeoncheon
Junggang
Jaseong
Gimhyeongjik (Huchang)
Gimjeongsuk (Sinpa)
Samsu
Hyesan
Changbai
Samjiyeon
Daehongdan
Yeonsa
Musan
Hoeryeong
Onseong
Saebyeol (Gyeongwon)
Eundeok (Gyeongheung)
Naseon(Najin)
Buryeong
HAMGYEONGBUK-DO
Cheongjin
Gyeongseong
Eorang
Bocheon
Baegam
Hwaseong (Myeonggan)
Unheung
Gapsan
RYANGGANG-DO
Pungseo
Nangnim
Gimhyeonggwon (Pungsan)
Heocheon
Myeongcheon
Gilju
Hwadae
Gimchaek (Seongjin)
Dancheon
Iwon
Bukcheong
Bujeon
HAMGYEONGNAM-DO
Jangjin
Sinheung
Hongwon
Sinpo
Hamheung
Mayangdo
Huicheon
PYEONGANBUK-DO
Guseong
Unsan
Bidanseom
Cheolsan
Seoncheon
Yeongbyeon
Bakcheon
Jeongju
Sinmido
Anju
Gaecheon
Yeongwon
Deokcheon
Jeongpyeong
Maengsan
PYEONGANNAM-DO
Sukcheon
Pyeongwon
Seohanman
Seongcheon
Gowon
Muncheon
Donghanman
Hodobando(Pen.)
Yeongheungman (Wonsanman)
Wonsan
Gangdong
Yangdeok
Gangseo
PYEONGYANG
Anbyeon
Korea Bay
Yonggang
Nampo
Junghwa
Sponghim
Goksan
Hwangju
Suan
Tongcheon
HWANGHAEBUK-DO
Sariwon
Singye
Hoeyang
Geumgang
Goseong
Sepo
Changdo
Pyeonggang
Eunyul
Guwolsan
Sincheon
Seoheung
Icheon
Songhwa
Jaeryeong
Pyeongsan
Gimhwa
Goseong
Monggeumpo
Jangsangot
Jangyeon
Geumcheon
Cheorwon
Yanggu
Seoraksan
Sokcho
HWANGHAENAM-DO
Baengnyeongdo
Haeju
Gaeseong
GYEONGGI-DO
Hwacheon
Inje
Yangyang
Daecheongdo
Ongjin
Yeonan
Munsan
Dongducheon
Pocheon
Chuncheon
Odaesan
Gangneung
Sunwido
Ganghwa
Goyang
Uijeongbu
Gapyeong
Hongcheon
Yeonpyeongdo
SEOUL
Namyangju
GANGWON-DO
Bucheon
INCHEON
Seongnam
Hoengseong
Jeongseon
Donghae
Samcheok
Anyang
Gwangju
Wonju
Pyeongchang
Ulleungdo
Ulleung
Dokdo
Ansan
Hwaseong
Gyeonggiman
SUWON
Yongin
Yeoju
Yeongwol
Taebaek
Wondeok
Deokjeok gundo
Osan
Pyeongtaek
Chungju
Jecheon
Uljin
Dangjin
Cheonan
CHUNGCHEONGBUK-DO
Bonghwa
Seosan
Taean
Asan
Yesan
Jincheon
Jeungpyeong
Yecheon
Yeongju
Pyeonghae
Hongseong
SEJONG
Cheongju
Andong
Yeongyang
Anmyeondo
CHUNGCHEONGNAM-DO
Gongju
Boeun
Mungyeong
Cheongsong
Yeongdeok
Boryeong
Gyeryong
DAEJEON
Sangju
GYEONGSANGBUK-DO
YELLOW SEA
Buyeo
Nonsan
Gimcheon
Yeongilman
Homigot
Seocheon
Geumsan
Yeongdong
Gumi
Yeongcheon
Pohang
Guryongpo
Gunsan
Iksan
Muju
Waegwan
Gyeongju
Gimje
Jeonju
Jinan
DAEGU
Gogunsanyeoldo
JEOLLABUK-DO
Geochang
Goryeong
Gyeongsan
Cheongdo
ULSAN
Jeongeup
Hamyang
Miryang
Anma gundo
Gochang
Namwon
Hapcheon
GYEONGSANGNAM-DO
Yangsan
Damyang
Gurye
Haman
Gimhae
Gijang
Jangseong
Jinju
Imjado
GWANGJU
CHANGWON
BUSAN
Hampyeong
Naju
Hadong
Hwasun
Sacheon
Goseong
Jaeundo
Suncheon
Gwangyang
Tongyeong
Geoje
Sinan
Mokpo
Yeongam
Geojedo
Hongdo
JEOLLANAM-DO
Boseong
Yeosu
Namhaedo
Daeheuksando
Jindo
Gangjin
Goheung
Haenam
Geogeumdo
Sojunggan gundo
Jindo
Wando
Geocha gundo
Soan gundo
Sonjukyeoldo
Gageodo
Chuja gundo
Geomundo
Gageocho Ocean Research Station (Korea)
Jeju Strait
JEJU SPECIAL SELF-GOVERNING PROVINCE
Jeju
Hallasan
Hallim
Jejudo
Seongsan
Daejeong
Seogwipo
Marado
EAST SEA
KOREA STRAIT
Tushima
Izuhara
Hamada
Mi-shima
Susa
Masuda
Nagato
Hagi
Yoshika
Hohoku
Yamaguchi
Shimonoseki
Hofu
Shunan
Ube
Iki-Shima
KITAKYUSHU
Nogata
Yukuhashi
FUKUOKA
Bungotakada
Karatsu
Imari
Hirado-shima
Hirado
Sasebo
Saga
Kurume
Hita
Beppu
Oita
Kashima
Omuta